AF367046

100% AUTODISCIPLINA

Samuel C. A.

100% AUTODISCIPLINA

Cómo dejar de procrastinar, alcanzar tus
metas y mejorar tu desarrollo personal
con estrategias efectivas

Primera edición: noviembre de 2024
ISBN: 978-84-129430-0-9
© Samuel John Books, 2024

www.exitoydesarrollopersonal.es
contacto@samueljohnbooks.com

Índice

INTRODUCCIÓN

Olvida todo lo que sabes, ignora todas tus debilidades, porque a partir de ahora aprenderás a adquirir y potenciar una de las herramientas más poderosas para lograr el éxito: la autodisciplina. Cuando hablamos sobre qué es necesario para tener éxito, sea del tipo que sea (profesional, económico, deportivo, de salud...), siempre aparece esta cualidad como elemento en común.

¿Y qué es con exactitud la autodisciplina? Básicamente, es la capacidad de empujarnos a nosotros mismos a tomar acciones, independientemente de que tengamos ganas o no. Siendo autodisciplinados nos pondremos en acción siempre que debamos hacerlo, sin importar si nos apetece o no, si estamos cansados o no o cualquier otro tipo de excusa. Con autodisciplina tendrás el poder de tomar las decisiones correctas, en el momento correcto y de hacer lo que tengas que hacer sin dudar, acercándote cada vez más a tus metas sin mostrar debilidades como la pereza y la apatía.

¿Y qué sé yo de autodisciplina? Pues, por suerte o por desgracia, lo llevo aprendiendo desde que nací. Me explico. Desde niño me enseñaron muy rigurosamente lo que es la disciplina y a ser disciplinado, del mismo modo que me hacían ver qué tipo de despojo humano sería de mayor si seguía otros caminos. Aprendí desde niño a hacer lo que hay que hacer, cuándo hay que hacerlo y cómo hay que hacerlo, tuviera ganas de hacerlo o no. Y debía hacer muchas cosas, para ser solo un niño. Mi adolescencia fue complicada, pero los años que van hasta que decidí comenzar a cambiar mi vida, me sirvieron para reforzar aún más mi autodisciplina. Trabajé desde los 16 años en la construcción, pero en la construcción de verdad. Trabajaba diez horas al día. En verano a 40 °C en medio del campo, al sol, con un pico y una pala, sin parar. Cavando zanjas, derribando paredes con un mazo o echando hormigón en pleno invierno mientras llovía (quien ha trabajado en esto sabe que una vez empiezas a echar el hormigón, no puedes parar hasta que acabas). En invierno hacía mucho frío. Se me llenaban las manos, los pies y las orejas de sabañones. Pero ahí estaba yo, cumpliendo con mi oficio. Después fui soldado profesional del Ejército de Tierra durante varios años. Estuve en la Infantería Ligera. Pasé hambre, calor, sed, vomité muchas veces por el esfuerzo, me desmayé bajo el sol, bebí agua de los charcos, dormí a -10 °C en la nieve, caminé durante días con los pies ensangrentados y llevando una mochila de 20 kg en la espalda..., y muchas otras cosas que ni siquiera puedo comentar. Fui deportista, corrí en maratones y llevo casi 30 años entrenando espartanamente en gimnasios. Nunca tuve una guía, algo o alguien que me dijese cómo hacerme disciplinado. Siempre lo hice porque era lo que debía hacer y mi mente se sentía mal si no lo hacía. Todo eso forjó en mí una mentalidad de autodisciplina que me ha servido para muchas áreas de mi vida. He superado adicciones, fuertes depresiones y estar al borde, o dentro, de la pobreza (y con «pobreza» me refiero a pobreza de verdad, como coserme los agujeros de los calcetines y no tener casi ni para comer). Ahora soy ese típico personaje que es su propio jefe y tiene sus propios negocios. Retomé los estudios aprobando el acceso a la universidad para mayores de 25 años, con una nota que me proporcionó una beca. En resumen, he cambiado mi vida... Todo eso, y mucho más, lo he logrado con autodisciplina.

Sé que todo esto que estoy diciendo queda muy bonito, muy motivador y que puede parecer el típico discurso del viaje del héroe. Pero en mi caso es verdad, y eso que solo he comentado lo más superficial. Yo no tuve un manual de estrategias que me ayudara a ser más autodisciplinado, a mí me lo inculcaron desde pequeño y después, por inercia, fui buscando caminos que estaban alineados con esa mentalidad y que no hicieron otra cosa que potenciar mi autodisciplina. Pero entiendo lo difícil que es mantenerse comprometido con algo, no caer en las tentaciones y no fallar cuando tu sueño se ve lejos y casi inalcanzable. En otra etapa más avanzada, cuando decidí cambiar mi vida, recurrí a libros, mentores y cursos que me ayudaron a ver las cosas de otra manera, de una forma más organizada, menos abrumadora y más motivadora. Aprendí (y sigo aprendiendo) nuevas formas de alcanzar mis objetivos, con pasos estructurados que no solo allanaban el camino, sino que me hacían más productivo y eliminaban uno de mis principales problemas: el estrés. Por eso quiero ayudarte ahora a ti, mostrándote estrategias prácticas y formas de estimular tu motivación. Ten en cuenta que de nada sirve saber qué hacer si no lo haces, si no tomas acción y pones en práctica todo lo aprendido. Esa es la base de este libro: ayudarte a que hagas lo que tienes que hacer, en el momento en el que lo tienes que hacer, siempre. Este libro está pensado solo para personas que realmente desean un cambio en sus vidas, para aquellas que quieren tomar control de sus acciones y dirigirlas hacia el logro de potentes objetivos personales y profesionales. Me da igual si estás esforzándote por lograr un mejor físico, ser más productivo en tu trabajo o alcanzar la tan deseada libertad financiera. La autodisciplina es la principal herramienta, por encima de todas las demás, que permitirá el logro de tus metas. Podrás ser inteligente o tener cualidades especiales para una determinada cosa, me da igual; si no tienes la suficiente autodisciplina, no lograrás nada. Si en cambio la tienes, superarás a todos aquellos que no, por muy inteligentes y aptos que sean.

Piensa en algún momento de tu vida en el que te propusiste alcanzar una meta, pero te resultó difícil mantenerte comprometido con ella. Tal vez fue una rutina de ejercicios que no pudiste seguir o un proyecto que te prometiste a ti mismo comenzar, pero que acabaste olvidando. Todos hemos estado ahí, deseando tener la suficiente fuerza de voluntad y mantener una correcta disciplina. La lucha con la autodisciplina es un reto para todo el mundo, ya sea queriendo comer de forma más saludable, en nuestros objetivos profesionales o simplemente tratando de mantener una rutina de ejercicios constante. Te diré algo, si estás librando una batalla interna entre el deseo y la disciplina, no eres el único.

Este libro lo he escrito para personas como tú: personas que quieren mejorar su autodisciplina y alcanzar tanto metas personales como profesionales. Da igual si eres un estudiante, un deportista, un emprendedor o solo quieres mejorar tus habilidades de gestión del tiempo y tu productividad: la información contenida en estas páginas te servirá de guía para lograr una mejor versión de ti mismo.

No me importa tu punto de partida. La autodisciplina es una habilidad que se puede aprender y fortalecer. Al igual que un músculo, cuanto más la ejercitas, más fuerte se vuelve. Con cada capítulo irás adquiriendo las herramientas necesarias para hacer de este atributo una parte esencial de tu vida, transformando no solo cómo haces las cosas, sino también cómo las ves y cómo te ves a ti mismo. Pero ten en cuenta que no es suficiente con leer este libro, ¡debes tomar acción! Cada capítulo está elaborado para proporcionarte no solo teoría, sino también pasos prácticos y ejemplos de la vida real que te ayudarán a desarrollar una mentalidad disciplinada. Este no es un libro más de autoayuda lleno de conceptos abstractos; es un manual práctico repleto de ejercicios y estrategias para implementar de inmediato.

Imagina una vida en la que cada meta que te propongas esté a tu alcance, y tengas tanta confianza en ello que nada te pueda desviar del camino. Imagínate gestionando tu tiempo tan eficazmente que puedas cumplir con tus responsabilidades y aun así tener tiempo para tus *hobbies* y para tu familia. Visualízate dejando de procrastinar y haciendo realidad tus sueños de una vez por todas. Esa es la transformación que te espera en los próximos capítulos. Al final de este viaje, tendrás las herramientas necesarias para dominar la autodisciplina y que todas las áreas de tu vida alcancen su máximo potencial. ¿Te parece demasiado bueno para ser verdad? Pues prepárate para descubrir todo de lo que vas a ser capaz.

Comenzaremos comprendiendo las bases del establecimiento de metas. Establecer propósitos claros y alcanzables es el primer paso para desarrollar una mejor autodisciplina. Exploraremos la psicología detrás de la efectividad en el establecimiento de metas y cómo dividir objetivos grandes y abrumadores en tareas más pequeñas. Al hacerlo, aprenderás a crear un mapa que te guíe hacia los resultados que deseas, haciendo el viaje menos agobiante y más realista.

Después, aprenderás cómo formar hábitos. Los hábitos son los bloques de construcción de la autodisciplina. Al establecer hábitos positivos, sientas las bases para una disciplina que perdure en el tiempo. Los analizaremos en profundidad, entendiendo qué los impulsa, y aprenderás a reemplazar los malos por los buenos. Descubrirás cómo pequeñas acciones repetidas cada día producen cambios impresionantes y duraderos en tu comportamiento y en tus resultados.

También abordaremos temas importantes, como la gestión del tiempo, la fortaleza mental y la superación de obstáculos y limitaciones. Todos ellos son aspectos esenciales para lograr desarrollar una fuerte y permanente autodisciplina, y aquí vamos a tratar todos los temas necesarios para conseguirlo, desde estrategias prácticas para tu día a día, hasta los factores mentales y psicológicos. Y te diré una cosa, aunque pueda parecer pedante, y es que es IMPOSIBLE que con esta guía no logres desarrollar y mantener la autodisciplina que buscas si sigues todos los pasos y pones en práctica al menos la mitad de las estrategias incluidas.

¿Estás preparado para desatar todo tu potencial y aprovechar el poder de la autodisciplina? Este es el momento de comenzar a transformar tu vida, y yo estaré a tu lado, paso a paso, sumergiéndote en sabiduría práctica y ejercicios diseñados para cambiar tus hábitos y mentalidad. Piensa en cada capítulo como un peldaño, acercándote cada vez más al éxito. Juntos construiremos el camino hacia una vida llena de éxitos y, sobre todo, de disciplina.

Y no quiero mentirte. Deberás tener el coraje de enfrentarte a los desafíos y aplicar las ideas sin excusas, sin quejas y sin andar por ahí llorando. Este no es un camino fácil. Pero es un camino de gloria, un camino para guerreros y campeones. Eso sí, también habrá satisfacción, orgullo y alegría de poder celebrar las victorias en el camino. Dominar la autodisciplina no es un *sprint*, sino una maratón. Requiere paciencia, persistencia y práctica. Pero las recompensas son inmensas. Al comprometerte con este proceso, estás invirtiendo en un futuro más brillante y exitoso. Así que respira hondo, reúne todo el valor necesario y pasa la página.

¡Tu camino hacia una vida de éxito comienza ahora!

LA BASE DE LA AUTODISCIPLINA

La autodisciplina consiste en la capacidad de controlar los impulsos, emociones y acciones para alcanzar metas deseadas, ya sea resistiendo la tentación de un delicioso postre o siguiendo una estricta rutina de ejercicios. La autodisciplina es el pilar que separa a las personas de éxito de aquellas que fracasan una y otra vez a la hora de alcanzar sus objetivos. Imagina establecer una meta ambiciosa, como correr una maratón o destacar como profesional de tu sector; cada decisión disciplinada contribuirá a construir tu camino hacia el éxito. Es duro intentar avanzar entre distracciones y tentaciones durante ese proceso, pero la autodisciplina asegura que los beneficios a largo plazo sean una prioridad sobre las gratificaciones a corto plazo. El dolor será temporal, pero la gloria será eterna.

Muchas personas entienden la autodisciplina como un duro castigo autoimpuesto, casi como una especie de autoflagelación. Pero, realmente, es algo mucho más positivo y liberador. Es la capacidad de sincronizar nuestras acciones con nuestros pensamientos y nuestros objetivos, enfrentándose a tentaciones y excusas, por muy fuertes que sean.

En este capítulo aprenderás los conceptos fundamentales y la importancia de la autodisciplina en varios aspectos de la vida. Comprenderás que no es una cualidad innata, sino que se puede desarrollar a través del esfuerzo y la práctica constante. Y entenderás cómo juega un papel vital en la toma de decisiones, fomentando la resiliencia y manteniendo el enfoque en objetivos a largo plazo.

¿QUÉ ES LA AUTODISCIPLINA?

La autodisciplina es la capacidad de controlar los impulsos, emociones y comportamientos con tal de alcanzar objetivos a largo plazo. No consiste en privarse de cosas, sino más bien en elegir de forma inteligente y disciplinada aquello que nos acerca a nuestros objetivos, descartando todo lo que no aporta nada a nuestra «misión».

La vida nos ofrece cada día diversas oportunidades para ser autodisciplinados, como la capacidad de levantarse temprano para hacer ejercicio, la determinación de trabajar en algo sin distraerse o la fuerza de voluntad para evitar hábitos poco saludables o que nos alejen de nuestros objetivos. En cualquier caso, la autodisciplina supone tener el control total sobre uno mismo. Tú mandas en tu cuerpo, tú mandas en tu mente, tú decides cada acción que tomas. Así que no te quejes si no estás donde quieres estar. Autodisciplina es saber qué hay que hacer y hacerlo cuando haya que hacerlo, de la forma en la que debas hacerlo, tengas o no tengas ganas de hacerlo. Sin excusas.

Desarrollar autodisciplina requiere práctica y constancia. A diferencia de las habilidades innatas, la autodisciplina se puede cultivar a través de acciones deliberadas y rutinarias. Comienza con algo simple y manejable y ve aumentando poco a poco la dificultad. Por ejemplo, si tu objetivo es leer más libros, comienza dedicando solo diez minutos al día a leer. A medida que construyas este hábito, aumenta gradualmente tu tiempo de lectura. La constancia es clave, porque cuando haces algo día tras día se vuelve tan natural como respirar.

Superar obstáculos es la prueba de fuego para desarrollar la autodisciplina. Habrá momentos en los que tengas ganas de abandonar, pero deberás ser fuerte y soportar todo lo que venga. Cada vez que resistas la tentación, estarás reforzando tu capacidad para mantener la disciplina. Recuerda, los contratiempos son parte del camino. Lo que importa es que aprendas de ellos y continúes esforzándote con la mente puesta en tus metas. Abandonar es de cobardes, caer en las tentaciones es de débiles, y tú no eres nada de eso. Tú eres un triunfador. Resistir a pesar de las dificultades demuestra dónde está la diferencia entre los que tienen éxito y los que se limitan a soñar eternamente con una vida distinta, una vida mejor.

La autodisciplina es la pieza más importante para el éxito y el logro a largo plazo. Es la herramienta que hace que todo sea posible, a pesar de las circunstancias, los miedos, las dudas, las tentaciones y demás piedras del camino. Independientemente de qué tipo de metas tengas, ya sean académicas, profesionales, deportivas o personales, esta cualidad te mantendrá en un progreso continuo. Por ejemplo, un estudiante autodisciplinado puede estudiar de manera constante, lo que le llevará a mejores calificaciones. Con esa tenacidad serás capaz de superar obstáculos y mantenerte enfocado en tus objetivos.

La autodisciplina hace posible obtener títulos académicos, adquirir nuevas habilidades, alcanzar logros deportivos que parecían imposibles o llevar a cabo grandes proyectos. Cuando aparezcan las distracciones, te ayudará a mantenerte enfocado. La autodisciplina te permite priorizar lo que realmente importa y dedicarle todo el tiempo y energía que sea preciso. La autodisciplina hace realidad tus sueños mientras los demás siguen soñando con ello.

No debes confundir autodisciplina con motivación, pues son conceptos diferentes. La motivación se basa en emociones. Es una sensación de eufórica energía enfocada en un objetivo. Es una emoción inestable y, a menudo, pasajera. Sin embargo, la autodisciplina se basa en la práctica. Es una herramienta que se puede desarrollar y conservar a lo largo de la vida, independientemente de cómo nos sintamos desde lo emocional en cada momento. Cuando pierdas la motivación, la autodisciplina será lo que te hará continuar. La autodisciplina te permite hacer lo que tienes que hacer, cuándo tienes que hacerlo, cómo tienes que hacerlo, durante el tiempo que tienes que hacerlo, tengas ganas o no, estés motivado o no.

LA IMPORTANCIA DE LA AUTODISCIPLINA

La autodisciplina es la pieza más importante del desarrollo personal y el alcance de metas. Es la base sobre la cual se construyen el crecimiento y los logros. Sin autodisciplina, incluso tus planes mejor elaborados fracasarán. La autodisciplina permite a las personas mantenerse enfocadas en sus metas a largo plazo, evitando las tentaciones a corto plazo que podrían mandar al carajo su progreso. Cuando tienes autodisciplina, estás mejor preparado para superar los desafíos de la vida y persistir frente a los problemas.

Las personas que la alcanzan con firmeza se vuelven expertas en priorizar tareas y hacer un uso eficiente de su tiempo. Establecen metas claras y crean planes perfectamente estructurados para alcanzarlas. Y lo hacen sin distraerse y sin procrastinar, es decir, sin quejarse ni hacer el vago. Al gestionar su tiempo de manera efectiva, pueden enfocarse en tareas más importantes, mejorando así la productividad y teniendo éxito en lo que se proponen.

Por otro lado, la autodisciplina es fundamental en la toma de decisiones. A la hora de elegir tomar una decisión importante, una persona disciplinada siempre evaluará minuciosamente sus opciones y tomará decisiones que beneficien sus objetivos a largo plazo, sin pensar en la gratificación instantánea. Es todo lo contrario a cómo actúan aquellos que deciden de forma impulsiva, obteniendo como «premio» penosos resultados. Tomar decisiones disciplinadas es tomar el control total de tu vida. En lugar de reaccionar impulsivamente (estúpidamente), eliges conscientemente (inteligentemente) lo que te acerca a tus sueños.

La autodisciplina constante en un área desencadena el crecimiento en otras áreas distintas. Esto lo aprendí muy bien en mis años en el ejército. La dura disciplina allí adquirida me ha servido para ser altamente disciplinado en mis estudios, en el deporte, en mis proyectos y en todas las dificultades que cruelmente me ha lanzado a la cara la vida. Los principios y hábitos desarrollados a través de la autodisciplina pueden y deben aplicarse para todo, generando resultados positivos en todas las áreas de la vida.

Como ves, este «superpoder» no se limita solo a logros tangibles. La autodisciplina también potencia aspectos intangibles como la resiliencia y la perseverancia. Cuando logres alcanzar tu autocontrol, construirás una fortaleza mental que nunca habrías imaginado. No solo resistirás cada contratiempo que se te presente, sino que también saldrás fortalecido cuando te enfrentes a esas dificultades. Como dijo el filósofo alemán Friedrich Nietzsche: «Lo que no me mata me hace más fuerte».

La autodisciplina genera un fuerte sentimiento de responsabilidad y rendición de cuentas. Este sentido de responsabilidad te ayudará a mantenerte comprometido con tus objetivos, consciente de que todos tus actos y tus esfuerzos afectarán directamente tus resultados. Es esa sensación que tenemos los deportistas cuando faltamos a un día de entrenamiento por motivos no justificables. Nos sentimos mal, irresponsables, indisciplinados, mediocres. Y esto puede parecer un pensamiento un tanto obsesivo, pero no lo es. Es nuestra conciencia recordándonos que ahora no solo no estamos un paso más cerca de cumplir nuestro sueño, sino que estamos un paso más lejos.

Además, la autodisciplina desarrolla la integridad y el comportamiento ético. Una persona disciplinada normalmente tomará decisiones correctas, incluso cuando se le presenten opciones más tentadoras. Seguir este camino te lleva a ser tu mejor versión.

MITOS SOBRE LA AUTODISCIPLINA

Algunas personas creen que la autodisciplina es un talento innato, algo que tienes o no tienes. Esta errónea creencia frena, e incluso impide, el crecimiento personal, ya que es una forma derrotista de decir que la autodisciplina no se puede aprender. En mi opinión, esa es tan solo una excusa para no hacer nada por lograr nada. De hecho, investigaciones y experiencias reales demuestran que la autodisciplina es, en realidad, una habilidad que cualquiera puede desarrollar con práctica, dedicación y ganas. Del mismo modo que aprender a tocar un instrumento o dominar un deporte, la autodisciplina requiere empeño constante. Hay que querer cambiar para poder hacerlo. Pero, sorprendentemente, para alguna gente parece ser mejor opción decir «yo no puedo hacer eso», casi afirmando ser inútiles, y seguir quejándose por no tener «esto» o «aquello» y no estar disfrutando de la vida que les gustaría tener.

Comprender que la autodisciplina es algo que cualquiera puede desarrollar es algo esperanzador. Esto significa que, con independencia del punto en el que te encuentres, puedes mejorar y, por lo tanto, puedes hacer que mejore tu situación. Incluso puedes mejorar la vida de tu familia. Y esto es en realidad mucho más sencillo de lo que crees. Solo debes dar pequeños pasos diarios, como establecer metas, crear rutinas y lograr tener autocontrol. Con esto, tu autodisciplina mejorará notablemente con el tiempo. La clave es la persistencia, incluso cuando parezca que no avanzas. El progreso, aunque sea lento, sigue siendo progreso. Insisto, cualquiera puede desarrollar esta habilidad, transformando lo que antes parecía imposible en logros totalmente reales.

«Es intentando lo imposible como se realiza lo posible»
(Henri Barbusse).

Pensar que la autodisciplina es un factor genético, y que puedas carecer de la capacidad natural para desarrollarla, se convertirá en una profecía autocumplida, donde la falta de esfuerzo confirmará tus creencias limitantes. Si crees que no puedes hacer nada, nada es lo que harás, y nada lograrás. Ahora que ya sabes que eso no es así, y que cualquiera es capaz de ser autodisciplinado, podrás adoptar una mentalidad de crecimiento, comprendiendo que las habilidades se desarrollan a través del esfuerzo y la perseverancia.

Otro concepto erróneo muy común sobre la autodisciplina es la idea de que esta requiere perfección. Esta creencia puede llevar a expectativas poco realistas y pensar que hay que darlo todo o nada. Por ejemplo, si alguien falla en una de sus metas a corto plazo, puede sentirse como un completo fracasado. Esta mentalidad no ayuda nada, porque se centra en los defectos en lugar de hacerlo en el progreso. Esto solo hace que te desanimes y que pienses en renunciar por completo. No se trata de ser perfecto, sino de ser cada vez mejor. Está claro que debes evitar fallar en el cumplimiento de tus metas, pero no te fustigues por ello. Si te ocurre algo así, aprende y sigue avanzando.

Cometer errores es parte del camino, parte del proceso y parte del aprendizaje. Es mejor dar veinte pasos hacia adelante, aunque te veas obligado a dar uno hacia atrás, que no avanzar ningún paso. Pero, cuidado, esta mentalidad autocompasiva no debe servir como excusa para saltarte la dieta cada vez que te dé la gana o no cumplir con las tareas que te has marcado para alcanzar tus metas.

La práctica hace al maestro. Poco a poco, lo que al principio es un desafío acabará convirtiéndose en un hábito. Procrastinarás menos, simplemente porque no sentirás la tentación de hacerlo.

Ahora ya sabes que la autodisciplina no es una habilidad innata y que cualquiera puede desarrollarla. Confiando en que eres capaz de adquirir esa habilidad, estarás más dispuesto a establecer metas y a comprometerte con ellas. Transformarás los obstáculos en un aprendizaje que impulsará tu crecimiento personal a niveles que jamás imaginaste.

CONCLUSIÓN

En este capítulo has aprendido los conceptos básicos y la importancia de la autodisciplina. La has entendido como la capacidad de controlar impulsos, emociones y comportamientos para lograr objetivos específicos. Y ahora sabes que es una habilidad que cualquiera puede desarrollar con práctica y constancia, y no algo con lo que se nace.

La autodisciplina es el motor que hace funcionar con éxito el esfuerzo constante y la perseverancia. Es lo que te ayudará a superar las distracciones, mantenerte enfocado en tus metas y, por lo tanto, llegar a alcanzarlas. Por lo tanto, no se trata de ser perfecto; se trata de lograr un progreso constante.

Sin autodisciplina, incluso los planes mejor elaborados fracasarán, las personas más inteligentes no destacarán y los deportistas mejor cualificados genéticamente nunca vencerán.

Ahora pregúntate, ¿qué pequeños pasos puedo empezar a dar hoy mismo para desarrollar esta habilidad? Cada pequeño esfuerzo, cada minuto que dediques a tus metas y cada gota de sudor te estarán acercando más al éxito. Te llevarán a una vida mejor.

El camino de la autodisciplina requiere paciencia, persistencia, coraje, ganas, dedicación... y tener la seguridad en ti mismo de que nada ni nadie podrá detenerte hasta que logres alcanzar tus metas.

No te imaginas de lo que eres capaz, ni los increíbles logros que te esperan al final del camino. ¡Las posibilidades son infinitas!

LOS PILARES DE LA AUTODISCIPLINA

¿Sigues aquí? Veo que estás realmente decidido a transformarte en un ser autodisciplinado. ¡Me gusta! Pero espera un momento, no comiences ya a volverte loco, programando tu alarma para despertarte a las 5:00 a. m. La autodisciplina, a diferencia de lo que pueda parecer, no consiste en torturarse. Debes comenzar poco a poco e ir adaptándote a todo.

AUTOCONCIENCIA: CONÓCETE A TI MISMO

Hablemos primero un poco de la autoconciencia. Sí, lo sé, ese término suena demasiado espiritual y ahora te estaré pareciendo un maldito gurú de esos que empiezan a contarte cosas que ni ellos mismos entienden. Yo no voy por ese camino, no te preocupes.

Lo que quiero es que, antes de nada, conozcas bien tus fortalezas y debilidades. De lo contrario, no podrás vencer al enemigo que estás tratando de vencer. Y, sí, ese «enemigo» eres tú. Y debes conocer bien a tu enemigo para poder vencerlo.

Para ser autoconsciente debes tratar de entender tus emociones e identificar por qué haces lo que haces y, lo más importante, por qué no haces lo que deberías estar haciendo. ¿Por qué postergas?

¿Qué temes? ¿Qué motivaciones tienes? Y, cuando hablo de «motivaciones», no me refiero a estar motivado. No estoy hablando de una sensación de entusiasmo temporal. Cuando hablo de «motivaciones» me refiero a cuáles son los motivos reales que te harían dejar de procrastinar y comenzar a hacer todo lo necesario para lograr tus objetivos.

COMPROMISO: NO DIGAS «LO INTENTARÉ», DI «LO HARÉ» Y, LO MÁS IMPORTANTE, ¡HAZLO!

No puedo estar más de acuerdo, ni puedo ser capaz de encontrar una mejor definición de lo que significa compromiso, que con la frase «el compromiso es hacer lo que haga falta, el tiempo que haga falta», incluida en *Tu futuro es HOY* (Alienta, 6.ª edición), y que tantas veces he escuchado mencionar por parte de uno de los coautores del libro, Francisco Alcaide, uno de mis principales referentes en todo lo relacionado con el desarrollo personal.

El compromiso no es solo decir «lo haré», sino hacerlo cada vez que haga falta, durante todo el tiempo que sea necesario, incluso si ese tiempo es para toda la vida. Se trata de establecer metas claras y cumplir siempre todos los pasos a seguir, sin excusas, estés cansado, desmotivado o se esté cayendo el mundo a pedazos. Compromiso significa seguir dándolo todo, incluso cuando la motivación te ha abandonado, cuando no ves el final del camino, no eres capaz de ver los resultados o tu mente trata de sabotearte para que abandones.

Siento ser duro, pero este no es un camino para débiles. No es un camino para cobardes. La gloria espera al final del recorrido solo para aquellos que han demostrado estar 100 % comprometidos con sus metas. No hay más fracaso que el de aquel que abandona. El que persevera, tarde o temprano llegará a su destino. Puede que a algunos les cueste más y a otros menos. Unos tendrán mayores habilidades desde el inicio y otros se toparán con mayores obstáculos. Pero lo que es seguro es que, con un fuerte e inquebrantable compromiso con tus metas, lograrás aquello por lo que luches.

PACIENCIA: LA REINA DE TODAS LAS CIENCIAS

Paciencia, mi eterna rival, mi talón de Aquiles, mi némesis... Sin duda, si yo hubiera sabido gestionar antes mi paciencia, habría sido exitoso mucho antes y todo hubiese sido mucho más sencillo y llevadero.

Hoy en día es normal ser cada vez menos paciente. Vivimos en un mundo donde podemos obtener todo con un solo clic. Nos desesperamos con cosas tan absurdas como tener que esperar para pagar en la fila del supermercado. Por culpa de falsas promesas, queremos volvernos ricos en tres meses o perder 10 kg de peso en un mes.

Tienes que entender que Roma no se construyó en un día y que tus hábitos no cambiarán de la noche a la mañana. Ya sabes que no debes verlo como un *sprint*, sino como una carrera de resistencia.

Tengo que reconocerlo, para mí la paciencia es como la droga. Una persona podrá dejar de tomar drogas y podrá tener una vida normal, pero tristemente seguirá siendo adicto hasta el fin de sus días. Otra cosa diferente es cómo lo gestione. A mí, con la paciencia, me ocurre algo parecido. He sido la persona más impaciente del mundo, me ha costado muchísimo saber gestionar eso y, en el fondo, sigo siendo un impaciente y parece que lo seré siempre. Pero, al igual que el exadicto, otra cosa muy diferente es cómo lo gestione. Lo quiero todo ¡ya! Y eso, en parte, es bueno porque me mantiene enfocado, comprometido y, en otras palabras, autodisciplinado. Sin embargo, he aprendido a ser consciente de que las metas que me propongo lograr son un reto a largo plazo, que nada ocurrirá de la noche a la mañana, que las prisas no son buenas y que, si hago cada día lo correcto, todo llegará. Ahora actúo de forma muy paciente y meticulosa con todo lo que hago, sin atajos que no llevan a ningún lado, procurando no cometer errores y, sobre todo, haciendo lo que haga falta y el tiempo que haga falta. Si, como yo, eres una persona impaciente, debes saber que la forma más rápida de conseguir lo que te propongas es, precisamente, siendo paciente. No existen los atajos.

«El camino lento es el camino rápido, porque el único camino es el camino lento» (Warren Buffet).

PERSEVERANCIA: LEVÁNTATE OTRA VEZ, Y OTRA, Y OTRA…

Decía el escritor Samuel Beckett: «Lo intentaste, fracasaste, no importa. Inténtalo de nuevo. Fracasa otra vez. Fracasa mejor».

La perseverancia es ese poder que hace que te levantes cada vez que te caes, que vuelvas a intentarlo cada vez que falles, que no te rindas… La perseverancia es lo que te hace continuar cuando crees que ya no puedes más, cuando crees que todo está perdido, cuando crees que no lo lograrás, cuando crees que no vales, cuando crees que tienes «mala suerte» o cuando tu mundo se está cayendo a pedazos.

Del mismo modo que confesé que la paciencia es mi punto débil, debo reconocer que la perseverancia es mi punto fuerte. Siempre he sido un testarudo, mi padre ha sido una de las personas más testarudas que jamás he conocido, su padre lo fue también y mi hijo ha heredado ese mismo defecto que, bien trabajado, puede convertirse en un don. Somos testarudos cuando tenemos una idea u opinión, por eso mismo somos perseverantes a la hora de lograr algo. Si estamos convencidos de que lo vamos a lograr, te aseguro que no hay nada ni nadie en la faz de la Tierra que nos haga desistir de ello.

Hay que ser una persona muy testaruda para tener una perseverancia extrahumana cuando las cosas se ponen difíciles de verdad. Ser perseverante, o testarudo, ha sido lo que me ha ayudado a lograr cosas que veía casi imposibles o, mejor dicho, que a la gente le parecía casi imposible que yo alcanzara. Si yo me propongo algo, te prometo que voy a gastar todas mis balas, hasta mi último aliento y no pararé hasta lograrlo. Y, ¿sabes qué?, ¡puede que al final no lo consiga! Y está bien. No pasa nada. Puedes lograr CASI todo lo que te propongas en esta vida. Pero, por desgracia, no es así el 100 % de las veces. Hay factores externos que no dependerán de ti. No obstante, debes tener la certeza, la paz mental, de que hiciste literalmente todo lo posible por lograrlo.

¡Pero no te desanimes! No estoy tratando de decirte que vas a perder tu tiempo, que vas a esforzarte para nada. ¡Todo lo contrario! Te estoy diciendo que puedes lograr muchas más cosas de las que crees. Los límites, casi siempre, están solo en tu mente.

Yo era un renacuajo de 18 años y 60 kg de peso cuando decidí que quería ser soldado profesional de Infantería Ligera. ¡Era un objetivo muy duro! Y más para alguien con mi físico. Llegué al centro de instrucción (llámalo academia o como quieras, es el centro donde te instruyen para, si superas el periodo de «prueba», decidir si eres apto o no para ser profesional) después de haber pasado unas pruebas previas de selección. Allí llegamos casi 400 personas. Durante ese duro periodo de selección, los instructores trataron de aplicar un severo filtro para saber quién valía para eso y quién no. Pues bien, al final de ese periodo, solo quedábamos unas 80 personas. Los demás, o se habían rendido o les habían «invitado a irse».

Estoy completamente seguro de que un gran número de los que no llegaron al final eran mucho más capaces que yo, sobre todo físicamente mejores que yo. Muchas veces pensé en abandonar. Solo eran pensamientos fugaces. Yo tenía muy claro que no lo haría. Jamás me rendiría. Miraba alrededor y pensaba: «Mientras haya una sola persona aquí, me da igual lo fuerte o grande que sea, yo voy a aguantar. Podrán ser más rápidos y fuertes, pero jamás tendrán mi aguante. Eso es imposible. No habrá nadie, NADIE, que aguante más que yo».

Y esa filosofía la he tenido desde niño. Nunca fui muy bueno en cosas como deportes, pero nadie le puso nunca más ganas. Obviamente fui muy bueno en muchas cosas, en las que se juntaron perseverancia y algo de talento. Recuerda, la perseverancia siempre gana al talento.

El que persevera, por lo general acaba logrando aquello que se propone. Piensa, por ejemplo, en un bebé que quiere empezar a caminar. ¿Cuántas veces lo intenta? Muy fácil: ¡HASTA QUE LO CONSIGUE! Unos bebés tardarán más, otros menos, pero todos lo consiguen porque todos perseveran hasta lograrlo. Da igual las veces que se caigan. Siempre se vuelven a levantar. ¿Hasta cuándo? Hasta que lo consiguen.

CONCLUSIÓN

Podríamos mencionar algunos pilares más, pero, finalmente, acabaríamos llegando a la misma conclusión y resultaría todo demasiado repetitivo. Podríamos hablar de constancia, de tener un plan específico o de tener valor, pero todas esas cosas, y otras más, vendrán de la mano de los pilares anteriormente mencionados.

Así pues, lo que te garantizo es que, si eres fiel a los cuatro pilares básicos de la autodisciplina, tendrás éxito casi asegurado en todo lo que te propongas. Y sí, he remarcado que «casi asegurado», porque no soy ningún vendehumos y siempre hay que pisar con los pies en la tierra. No voy a prometerte que jugarás en la NBA si mides 1,50 cm de altura y tienes 48 años. Pero eso no quiere decir que no puedas lograr objetivos que creías imposibles, ni que no debas apuntar alto.

¡Apunta muy alto! Eres capaz de mucho más de lo que puedas llegar a imaginar.

Como dijo la escritora Cecelia Ahern: «Apunta a la luna y, si fallas, al menos estarás entre las estrellas». Lo que sí te garantizo es que, si la meta es posible, por muy difícil que sea, pero posible, lograrás alcanzarla teniendo la correcta autodisciplina.

Con autodisciplina serás capaz de no rendirte jamás, de mantener el foco, de superar los fracasos, de mantener la motivación y de seguir todos los pasos necesarios, durante todo el tiempo necesario, sin excusas, sin fallar y sin autosabotearte.

ESTABLECIMIENTO DE
OBJETIVOS CLAROS Y REALISTAS

Establecer metas claras y alcanzables es esencial para alcanzar y mantener la autodisciplina. Es imposible permanecer en ese camino si no tenemos claro a dónde vamos o si queremos lograr algo que es imposible. Del mismo modo, se necesita autodisciplina para seguir sin excusas los pasos marcados para lograr una meta. Así que el establecimiento de metas claras supone un ejercicio excelente para desarrollarla.

En este capítulo exploraremos la metodología SMART, que consiste en la creación de objetivos específicos, medibles, alcanzables, relevantes y con un tiempo determinado. Es una forma efectiva de fragmentar el proceso en pasos manejables que harán más sencillo que te mantengas en el camino correcto. Te mostraré cómo establecer objetivos claros y detallados para que no te agobies ni te despistes, y para que tengas un plan a seguir. Seguidamente, comprenderás la importancia de analizar tu progreso para mantenerte motivado y para poder realizar ajustes en el caso de que sea necesario. Aprenderás a establecer metas realistas para no caer en la frustración. Para acabar, veremos la importancia de alinear tus metas con tus valores personales y aspiraciones a largo plazo, asegurando que cada paso que des te acerque a tu visión final. Y este enfoque será el «culpable» de que tus sueños se conviertan en realidad.

METODOLOGÍA SMART

Establecer objetivos específicos, medibles, alcanzables, relevantes y con un tiempo definido (SMART son sus siglas en inglés) aumenta la probabilidad de tener éxito. Siguiendo esta metodología, podrás mantener el enfoque, seguir el progreso y asegurarte de que las metas no van a ser demasiado grandes.

Establecer metas **específicas** implica definir objetivos claros y detallados que eliminen cualquier margen de duda. Una meta específica proporciona una dirección clara al responder a las preguntas fundamentales: ¿qué se necesita lograr?, ¿por qué es importante esta meta?, ¿cómo voy a lograrlo?, ¿cuándo lograré alcanzarla? Especificar con máximo detalle las metas ayuda a fragmentar objetivos más grandes en partes más manejables, facilitando la visualización del camino hacia el logro. Por ejemplo, en lugar de decir «ponerse en forma», una meta más específica sería «asistir a tres sesiones de una hora en el gimnasio por semana».

Las metas específicas actúan como una hoja de ruta para la acción. Cuando los objetivos están claramente definidos, es mucho más sencillo saber qué pasos hay que dar para lograrlos. Esta claridad permite una mejor planificación, ayudando a priorizar tareas y asegurando que los esfuerzos se concentren en acciones que contribuyan directamente al logro de la meta. Tener un objetivo bien detallado te motiva más. De este modo, ya sabes que avanzas hacia un punto específico por un camino fácil de seguir. Tan solo tienes que ir del «punto A» al «punto B», pues ya tienes marcada la ruta. ¡Comienza con el primer paso y sigue hasta tu destino!

No sé si alguna vez has jugado a videojuegos. Dependiendo de tu edad, seguramente hayas jugado nada, poco o demasiado. Pues bien, antes de existir Internet, existían guías físicas para finalizar con éxito los juegos. Si un juego era muy difícil, no sabías cómo avanzar o solo querías llegar al final de forma rápida y sin complicaciones, comprabas la guía del juego y en ella tenías detallados todos los pasos a seguir para llegar hasta el final. Estas guías eran un plan detallado para superar con éxito el juego, para no preocuparte de otra cosa que seguir los pasos hasta lograr el objetivo final, que era acabar el juego. Creando metas específicas, y planificándolas también en forma detallada (objetivos a corto y largo plazo, tareas, horarios...), obtendrás precisamente eso: una guía para pasarte el juego, para alcanzar tu meta con éxito.

> *«No hay viento favorable para el que no sabe dónde va»* (Séneca).

Los objetivos claros y detallados mejoran el compromiso y sirven como recordatorios constantes de lo que deseas lograr, y esto refuerza tu persistencia y tu determinación.

Establecer metas **medibles** te permite medir el progreso de manera efectiva y evaluar lo cerca que estás de alcanzar tus objetivos. Sin ello, es complicado saber si estás progresando o si necesitas realizar ajustes. Si, por ejemplo, tu objetivo es «leer más», una meta medible podría ser «leer 40 páginas de un libro diariamente». De esta forma podrás saber con excatitud cuál es tu progreso.

Establecer metas medibles incluye especificar puntos de control para saber si estamos teniendo éxito o cuándo hemos logrado nuestro objetivo. Pregúntate ¿qué pequeños logros debo alcanzar en el camino?, ¿cómo sabré cuándo he llegado a mi meta? Sentirás que estás teniendo éxito cada vez que superes uno de estos puntos de control, y esto aumentará tu motivación.

Además, poder seguir tus progresos mediante metas medibles te ayudará a mejorar constantemente. Podrás identificar lo que está funcionando y también lo que debes corregir para maximizar los resultados.

Las metas **alcanzables** son aquellas que son realistas y posibles de alcanzar con el debido esfuerzo y compromiso. Establecer metas inalcanzables solo te llevaría a una inmensa frustración y a la pérdida de motivación. Pero no te pases al otro extremo, ya que si te propones metas demasiado fáciles también corres el riesgo de no tener suficiente motivación o de no darles suficiente importancia. Una meta alcanzable debe ser un estimulante desafío y estar dentro de lo factible. Esto hará que, al esforzarte por cumplir tus objetivos, mantengas la motivación al notar un progreso constante. Recuerda el ejemplo del capítulo anterior: si tienes 48 años y mides 1.50 cm, no te hagas ilusiones con jugar en la NBA. Pero hay millones de cosas que sí puedes lograr y que ahora mismo ni te imaginas.

Para establecer metas alcanzables, deberás tener en cuenta tus capacidades y tu situación actual. ¿Qué habilidades tienes? ¿De cuánto tiempo dispones? ¿A qué herramientas tienes acceso? Comprendiendo todo esto, podrás fijar objetivos realistas que aumenten tus posibilidades de éxito.

Tener metas alcanzables te dará más confianza en ti mismo, haciéndote sentir que sí eres capaz de lograrlo. Esa firme creencia en tu capacidad para tener éxito te motivará a emprender proyectos más ambiciosos en el futuro.

El éxito siempre busca más éxito. Hablo de ello más extensamente en mi libro *100 % Mentalidad de Éxito*. Cuando logramos algo, por pequeño que sea, nuestro cerebro segrega una serie de sustancias químicas que nos hacen estar más predispuestos al éxito. Con cada pequeña meta sentirás que estás más cerca de lograrlo, podrás llevar un seguimiento de logros y avances y sentirás más deseos de seguir adelante, al mismo tiempo que irán desapareciendo las tentaciones de abandonar.

Las metas **relevantes** son aquellas que se alinean con tus valores personales, aspiraciones y objetivos a largo plazo. Establecer metas relevantes asegura que tus esfuerzos contribuyan a tu visión general de la vida o propósito. No tendrás motivación ni autodisciplina para llevar a cabo todas tus tareas, día tras día, sin excusas, si estas no te llevan a donde en realidad quieres estar en el futuro, o si tienen que ver con cosas con las que no estás de acuerdo o por las cuales vas a tener que pagar un precio demasiado alto en cuanto a tu vida personal. Solo a través de metas en verdad relevantes existirá compromiso real, ya que de ese modo estarás persiguiendo algo que anhelas profundamente, sin dudas, sin remordimientos y con un ardiente deseo de lograrlo, haciendo todo lo que sea necesario.

He comenzado proyectos en el pasado con los cuales no estaba alineado. Lo hice simplemente porque me parecieron buenas ideas y por ver que tenían altas posibilidades de ser rentables. Puse mucho esfuerzo en cada uno de ellos, de forma espartana, siendo extremadamente autodisciplinado, para finalmente acabar abandonándolos. Es insufrible luchar por algo que realmente no deseas o con lo que no estás del todo de acuerdo solo porque sea una buena idea.

Para saber si una meta es relevante o no para ti, debes preguntarte por qué es importante y cómo se alinea con tus aspiraciones. ¿Esta meta te permite avanzar en el ámbito profesional, mejora tu vida personal o contribuye a hacer realidad un sueño a largo plazo? Respondiendo sinceramente a estas preguntas, te aseguras de dar el 100 % y de tener resultados. Por ejemplo, si tu objetivo a largo plazo es convertirte en un escritor de *best sellers*, una meta a corto plazo relevante podría ser tomar un curso de escritura. ¡Por algo se empieza! Después puedes hacer cursos más avanzados, contratar mentores o aprender sobre *marketing* de libros.

Otra parte fundamental del establecimiento de metas es fijar un plazo de **tiempo**. No es lo mismo decir «voy a perder peso» que «voy a perder 10 kg de peso en un plazo de 10 meses». En la primera opción (voy a perder peso) puedes caer en la dejadez de pensar «bueno, ya lo iré perdiendo», y no hacer todo lo necesario para lograrlo. Además, es igual de necesario establecer micrometas o microplazos que ayuden a asegurar un progreso constante. Por ejemplo, «voy a perder 1 kg de peso cada mes». Los plazos generan una sensación de urgencia que te lleva a priorizar tareas y asignar recursos de manera eficiente. Estableciendo una serie de plazos, no caerás en la tentación de dormirte en los laureles. ¡El tiempo corre! Tic, tac, tic, tac...

Marcarte una fecha para cumplir tus metas es una de las mejores formas de desarrollar la autodisciplina necesaria para no procrastinar. La presión de una cuenta atrás te pondrá en acción. Las limitaciones de tiempo te obligarán a concentrar tus esfuerzos y evitar distracciones, mejorando tu productividad y manteniéndote enfocado.

METAS A LARGO PLAZO VS. METAS A CORTO PLAZO

Es importante diferenciar lo que son metas a largo plazo y metas a corto plazo. Las metas a largo plazo suelen ser objetivos principales, los cuales ameritan una mayor cantidad de tiempo para lograrlos. Pueden ser metas generales como conseguir tener libertad financiera, terminar una carrera universitaria o ser uno de los mejores en un deporte (¡o el mejor!). Estas metas son amplias y ambiciosas, dirigen tu rumbo y proporcionan un sentido de propósito.

Establecer metas a largo plazo requiere una planificación estratégica y un esfuerzo constante a lo largo del tiempo. Para ello es necesario dividir el objetivo final en partes más pequeñas y perfectamente detalladas. Al crear una hoja de ruta, puedes asegurarte de que cada acción que tomes te acerca un paso más al éxito. De esta forma, mantendrás el enfoque y sabrás con precisión qué hacer en cada fase del proceso.

Te puedo asegurar que lograr metas a largo plazo es algo increíblemente gratificante, pero también requiere de mucha paciencia, resiliencia y autodisciplina. Nada que tú no puedas hacer. Nada que cualquiera no pueda hacer. Pero tendrás que esforzarte constantemente y saber enfrentarte a los contratiempos. Revisa y reajusta siempre lo que sea necesario. Eso hará que tu largo camino no parezca tan largo y que sea más llevadero en lugar de convertirse en algo que te abrume en exceso.

Por otro lado, las metas a corto plazo son cruciales para poder lograr tus objetivos a largo plazo. Estas pequeñas metas son más fáciles y rápidas de alcanzar. Descomponen algo que parece lejano e inalcanzable en pequeños logros casi inmediatos. Por ejemplo, si tu meta a largo plazo es escribir un libro, tus metas a corto plazo pueden ser cada uno de los capítulos que escribas o cada 1000 palabras, la fase previa de documentación o crear el esquema del libro.

Cada tarea completada supone un logro. Cada vez que logres una meta a corto plazo sentirás un chute de motivación y de satisfacción que te ayudarán a mantener la autodisciplina para seguir adelante con el resto de las pequeñas metas. Este estado mental positivo hace que aumenten el entusiasmo y el compromiso, sobre todo cuando la meta principal parece lejana. Por eso debes celebrar cada pequeño triunfo para mantener la motivación, el compromiso y el enfoque.

Recuerda que tus metas a corto plazo deben ser específicas, medibles y alineadas con tus aspiraciones a largo plazo. Solo así evitarás situaciones en las que no saber qué hacer y tendrás siempre una lista de pasos concretos a seguir.

Ejemplos de metas a corto plazo pueden ser:

- Ahorrar una cantidad específica de dinero cada semana.
- Hacer ejercicio cada mañana a determinada hora.
- Completar un curso que te proporcione habilidades alineadas con tu meta a largo plazo.
- Escribir 1000 palabras al día.
- Leer un libro al mes.
- Escribir cada día en un diario tres cosas por las que estás agradecido.
- Hacer algo bueno por alguien cada día.
- Participar en una actividad de voluntariado una vez al mes.

Cada pequeño objetivo contribuye a lograr ese gran sueño que tanto anhelas. Al dividir tus metas, te aseguras de que cada avance, por pequeño que sea, cuente. ¡No te agobies pensando en todo lo que falta! Celebra cada logro mientras construyes tu camino al éxito, paso a paso, con determinación.

DIVIDIENDO METAS GRANDES EN METAS PEQUEÑAS

Bien, ya ha quedado claro que para comerse un elefante hay que partirlo en pedacitos muy pequeños. Al dividir una meta grande en tareas sencillas, estaremos simplificando el camino hacia el éxito. Piensa en cada tarea como en un pequeño paso que te acerca a tu meta final.

En mi libro *100 % Mentalidad de Éxito* cuento la historia de una persona que llegó hasta la cima del Everest teniendo una sola pierna. Resumiéndolo mucho, después de lograrlo, una periodista le preguntó al protagonista de la hazaña: «¿Cómo has podido lograrlo, teniendo en cuenta tu situación?». A lo que él respondió: «Paso a paso. Lo logré paso a paso».

Una carrera universitaria se puede desgranar en años, cursos, semestres, asignaturas, temas, páginas de cada libro... Deja de pensar en todo lo que tienes que hacer, ¡y más aún si eso provoca que no lo hagas!

Dividir la meta final en pequeñas tareas hace que el camino sea menos intimidante. Puedes concentrarte en dar un paso a la vez sin agobiarte. Esto da como resultado un progreso constante y una sensación de logro a medida que se completan esas «micrometas».

Pero, espera, ¡aún podemos mejorarlo! ¿Cómo? Organizando las tareas según su importancia y urgencia, es decir, priorizándolas. Haz lo más importante antes que el resto, y sigue por orden de relevancia. Pregúntate cuál de las actividades que debes hacer va a producir un cambio más importante en tu día, en tu vida y en tus objetivos.

Tampoco dejes para lo último lo más difícil o lo que menos te apetezca hacer. Comenzar con las tareas más difíciles, una vez realizadas, aporta la sensación de satisfacción necesaria para completar el resto con energía. Quítate ese peso de encima lo antes posible y así no estarás todo el día pensando en que aún debes realizar esa difícil tarea. Eso solo te restaría vitalidad, entusiasmo y enfoque para hacer todo lo demás. Para profundizar más en esto, te recomiendo el libro de Brian Tracy (2012) *¡Trágate ese sapo! 21 estrategias para TRIUNFAR combatiendo la procrastinación* (Anaya Multimedia).

«Quien fracasa al planificar, planifica su fracaso»
(Benjamin Franklin).

Un método efectivo para priorizar tareas es la matriz de Eisenhower, que las separa en cuatro cuadrantes:
- Urgentes e importantes.
- Importantes, pero no urgentes.
- Urgentes, pero no importantes.
- Ni urgentes ni importantes.

Si te centras en las tareas que incluyas en las dos primeras categorías, podrás dedicar de forma más efectiva tu tiempo y recursos a las actividades que den mayores resultados y te acerquen más a tu meta. Mediante esta forma de organizar las tareas, sabiendo cuáles debes completar primero, crearás una dinámica de trabajo eficiente, evitando retrasos y asegurándote un progreso constante.

Te recomiendo que utilices herramientas digitales, hojas de cálculo o un simple diario para llevar un seguimiento de tus logros. Realizar un seguimiento de tus avances te ayudará a mantenerte comprometido y motivado al ver evidencia tangible de tus esfuerzos. Ver un progreso constante eleva la moral y te recuerda que alcanzar tu meta no solo es posible, ¡es inevitable!

Sentirse responsable es otra forma de mantenerte motivado. Compartir tus metas y progreso con un amigo de confianza, mentor o grupo de apoyo crea un sentido de obligación para cumplir con tus compromisos. Tener que rendirle cuentas a alguien, o demostrar que eres capaz, siempre es un estímulo eficaz para no fallar en la realización de objetivos, siempre y cuando se haga de una forma mentalmente sana. Es decir, tener que pasar revisión con el nutricionista o el entrenador, para ver si has hecho las cosas bien, genera un compromiso y una responsabilidad a la hora de realizar, sin excusas, las metas a corto plazo. También lo es mostrarle a tu familia o pareja de lo que eres capaz, y así alegrarte viendo lo orgullosos que están de ti. Pero siempre debes hacerlo todo por ti, y no por el mero hecho de demostrar nada a nadie. En fin, creo que se entiende bien lo que quiero decir.

De igual modo, si crees que alguien puede desmotivarte en lugar de apoyarte, es mejor que te guardes tus metas y progresos para ti hasta que lo hayas logrado. Es triste, pero a menudo la gente a la que más quieres, y la que supuestamente más te quiere a ti, es la que más sueños destroza. Ya sea por mentalidad de escasez, por limitaciones mentales, por miedos o por lo que sea, pero suelen lanzar comentarios que, viniendo de ellos, pueden acabar de golpe con todas tus ilusiones y ganas de esforzarte por lograr tus sueños.

Sea como sea, recuerda celebrar cada pequeña victoria por el camino. Y con «celebrar» no me refiero a que vayas a emborracharte cada vez que hayas escrito 1000 palabras de tu libro o que te tragues de golpe una tarta de chocolate cada vez que hayas completado una rutina de ejercicios. Recompénsate viendo una película, dedicando algo de tiempo a un *hobby*, o simplemente alegrándote por ello y escribiéndolo en un diario. Esto generará en ti una satisfactoria sensación de logro y felicidad. Estas celebraciones servirán para recordarte que eres capaz y merecedor de lograrlo.

SÉ FLEXIBLE

Por mucho que lo tengas todo bien planeado, con tus metas a largo y corto plazo bien detalladas, ocurrirán cosas, tendrás contratiempos. Así es la vida. Para tener éxito, tendrás que realizar reajustes y modificaciones en tus estrategias. Imagina que tienes una meta bien estructurada, pero a mitad del camino surgen factores externos, contra los cuales no puedes hacer nada, y tu plan se vuelve inviable. Recuerda, no cambies la meta, cambia el plan. Está claro que esto no es algo del agrado de nadie, pero más se perdió en la guerra. En lugar de rendirte, adáptate. Revisa el plan para ajustarlo a la nueva situación, asegurándote de seguir progresando. Y no te asustes ni te desmotives ahora, no tiene por qué ocurrir nada, pero podría ocurrir. Así que debes estar preparado para solucionarlo sin ponerte nervioso y seguir avanzando con la cabeza bien alta y la mirada al frente.

Ser flexible te permitirá reajustar tu GPS para poder llegar a tu destino. Al final es eso, algo parecido al navegador GPS del coche. ¿Qué hace ese aparato cuando en tu ruta hay una carretera cortada por obras o por un accidente? Reajusta el recorrido y lo soluciona rápidamente creando una ruta nueva por donde poder continuar. Imagina que aspiras a un ascenso en el trabajo, pero las políticas de la empresa cambian, invalidando así tus planes. Adaptarte y reajustar te permitirá encontrar una nueva ruta. Ser flexible te mantendrá en el camino y te hará más fuerte ante posibles contratiempos.

¡Piensa en ello como último recurso! No quiero que utilices esto para andar cambiando tu plan cada vez que surja cualquier pequeño imprevisto, o como excusa para buscar la vía fácil y posponer las acciones. Simplemente se trata de no agobiarte ni pensar que el mundo se acaba porque te topes con algún obstáculo real. A problemas, soluciones.

> *«Quien quiere hacer algo, encuentra el modo. Quien no quiere hacerlo, encuentra una excusa»* (Proverbio árabe).

A la hora de perseguir nuestras metas, desarrollar resiliencia es igual de importante que saber adaptarse. De hecho, la resiliencia es una especie de adaptación ante situaciones difíciles. Sí, «resiliencia», esa palabra que suena tan bonita en conferencias motivacionales pero que, en la práctica, significa «tener huevos para superar la adversidad». Tengamos algo claro: la vida no es un paseo por un parque lleno de unicornios y arcoíris. Es una lucha constante, un campo de batalla donde solo los más duros sobreviven. Así que, si eres de los que andan por ahí llorando porque la vida no es justa, tengo noticias para ti: ¡la vida nunca ha sido justa y nunca lo será!

Tener resiliencia significa tener la suficiente fortaleza mental para perseverar cuando te enfrentas a desafíos o contratiempos. Imagina que entrenas durante un año para competir en una competición de triatlón, y una semana antes te lesionas. Es motivo suficiente para echarse a llorar, lo sé. Pero una persona resiliente verá esto como un obstáculo temporal, se mantendrá en forma por otros medios mientras se recupera y volverá a entrenar para el siguiente año o la siguiente competición. Esa es la determinación necesaria para recuperarse y seguir avanzando hacia tus sueños.

Cuando todo se ponga oscuro, la resiliencia será la llama que mantendrá encendida tu motivación para seguir adelante, sosteniendo la visión a largo plazo y no dejándote aplastar por un problemilla momentáneo. Es fácil mantenerse motivado cuando todo va según lo planeado, pero la verdadera resiliencia surge cuando las cosas van mal. Entiende que los fracasos son parte del proceso y usarlos como peldaños en lugar de obstáculos separa a quienes logran sus metas de quienes se rinden, a los triunfadores de los mediocres. Saca de dentro el coraje necesario para ver los desafíos como oportunidades, para volverte más fuerte. Desarrolla la mentalidad de guerrero que hará que nada te detenga. Si la vida te golpea, grítale en voz alta: «¿Me ves? ¡Sigo aquí de pie!».

Prepárate, en la medida de lo posible, para los posibles contratiempos. Adelántate, pensando de antemano en lo que podría salir mal y ten un plan para abordar estos problemas. Sé que no puedes saber todo lo que va a pasar. ¡No eres adivino! O eso creo. Pero hay cosas que ya sabemos de qué forma pueden torcerse. Por ejemplo, si estás comenzando un negocio, prepara un fondo para los contratiempos económicos que puedan aparecer.

No soy muy fan de tener un plan B, porque como dijo el conocido actor y rapero Will Smith, *«tener un plan B solo te distrae del plan A»*; pero, por si acaso, mejor tener un salvavidas. Saber que tienes un respaldo ayuda a aliviar la ansiedad y facilita el camino en tiempos difíciles.

La autorreflexión es otra pieza clave para buscar la flexibilidad en la consecución de metas. Analizar tu progreso y resultados te ayuda a identificar áreas que podrían mejorarse. Esta práctica permite que seas consciente de los reajustes que deben realizarse. Por ejemplo, si tu objetivo es mejorar tus habilidades hablando en público, grabar y revisar tus presentaciones te ayudará a detectar cosas a mejorar, como el lenguaje corporal o el tono de voz.

Reflexionar sobre el progreso de tus metas te permite saber lo que está funcionando y lo que no. Analizando tanto los éxitos como los fracasos podrás replicar estrategias de éxito y evitarás seguir cometiendo errores, aumentando así tus posibilidades de alcanzar tus metas de manera eficaz.

Además, la autorreflexión ayuda a reconocer los aspectos emocionales que puedes estar pasando por alto. A veces, los sesgos personales o las emociones pueden nublar tu juicio y dificultar tu progreso. Cuando te tomas un momento para reflexionar y ver las cosas con objetividad, es como si quitaras un velo de tus ojos. Esa claridad hará que tomes decisiones más acertadas.

Es importante que realices una autoevaluación continua a fin de poder adaptar las metas de manera efectiva y avanzar en tu camino hacia el éxito. Analiza tus metas periódicamente para ver si siguen siendo relevantes y alcanzables, dependiendo de la situación del momento. Esta práctica evitará que te estanques y te permitirá seguir progresando.

Tómate el tiempo necesario para reflexionar sobre tu viaje, ya que eso hará que aumente tu confianza. Darte cuenta de todo lo que has avanzado puede ser realmente motivador. Y, como ya sabes, tener un estado mental positivo te ayudará a mantener el compromiso y la autodisciplina, acercándote más a tus sueños.

CONCLUSIÓN

En este capítulo has comprendido la importancia de establecer metas realistas y alcanzables para mantenerte enfocado. Poniendo en práctica la metodología SMART (metas específicas, medibles, alcanzables, relevantes y con un tiempo definido) podrás estructurar de forma eficaz tu camino hacia el éxito.

Las metas específicas aportan claridad para saber exactamente lo que quieres lograr y cómo lograrlo. Las metas vagas hacen que te desvíes con facilidad del camino, mientras que las específicas te proporcionan una hoja de ruta clara que sirve como guía para cada una de tus acciones.

Que las metas sean medibles permite realizar un seguimiento del progreso y realizar ajustes si fuera necesario. Sin medición, no puedes saber si estás avanzando o no. Tener pruebas visibles de tu progreso aumentará tu motivación, y esto hará que te mantengas comprometido. Lograrás la suficiente autodisciplina para seguir adelante.

Establecer metas alcanzables, pero suficientemente desafiantes, también es importante para mantener la motivación. Metas demasiado ambiciosas pueden hacer que te frustres y te rindas, mientras que metas demasiado simples no producen el suficiente estímulo como para querer superar el reto. La clave está en encontrar un equilibrio que asegure que mantengas la autodisciplina y avances de manera constante.

Y no olvides ponerles a tus metas una fecha de caducidad. Establecer plazos creará en ti una sensación de urgencia y te ayudará a enfocarte en lo que realmente importa. Además, así evitarás la procrastinación y te mantendrás comprometido con tus objetivos. ¡El reloj está corriendo!

En este capítulo también has aprendido en qué consisten las metas a largo y corto plazo. Las metas a largo plazo te dan una visión para el futuro y guían tu camino. Pero necesitas dividirlas en metas más pequeñas, a corto plazo, para no sentirte abrumado con el volumen de trabajo y de tiempo que requiere la meta principal. Las metas a corto plazo son como pequeños pasos que te acercan a tu meta final, al éxito, haciendo el proceso más llevadero y motivándote a través de las pequeñas victorias del camino.

Recuerda ser flexible en cuanto al plan para lograr tu meta principal. La vida da muchas vueltas y nunca se sabe lo que puede pasar. Adáptate. Y eso no significa que renuncies a tus metas, sino que busques rutas alternativas cuando encuentres algún obstáculo. Haz como el navegador GPS de tu coche, que encuentra una nueva ruta cuando se topa con una calle cortada al tráfico. Esta adaptabilidad, junto con la resiliencia, te ayudará a no volverte loco por los contratiempos y a mantenerte enfocado en tus metas.

Por último, hemos visto la importancia de la autorreflexión y evaluación constante del progreso. Analiza tus metas y estrategias a medida que avances y hazlo sobre todo si tu situación va cambiando. Reajusta siempre que sea necesario y celebra los pequeños logros para aumentar la motivación y la confianza en ti a la hora de alcanzar objetivos mayores.

El camino hacia el éxito no es una línea recta, pero con la mentalidad adecuada, cada contratiempo se convertirá en una oportunidad de aprendizaje para seguir avanzando.

«No puedes cambiar el viento, pero puedes ajustar las velas para alcanzar tu destino» (Jimmy Dean).

CREANDO HÁBITOS PARA EL ÉXITO

Aunque este libro no trata específicamente de hábitos, debemos detenernos a estudiarlos, ya que su implementación es una parte fundamental a la hora de lograr tus metas, sean cuales sean. Y si estás mostrando interés en desarrollar autodisciplina, es porque estás pensando en lograr ciertas metas, insisto, sean cuales sean. Además, la implementación de nuevos hábitos ayuda a crear y entrenar la autodisciplina. Por ejemplo, si empiezas con el nuevo hábito de levantarte temprano, tendrás autodisciplina para levantarte temprano. Y esta autodisciplina para un hábito en concreto se irá extendiendo de forma natural a otras áreas de tu vida.

¿Y cómo se consigue incorporar un nuevo hábito? Pues practicando la autodisciplina. Incluir un nuevo hábito en nuestra vida, sobre todo si es demasiado rompedor, puede ser una tarea complicada al principio. Hacer ejercicio cuando antes no se hacía nada, levantarse temprano para ser más productivo, abandonar algún mal hábito o vicio... Todo ello puede parecer bastante complicado, pero, como la misma palabra dice, al final todo consiste en convertirlo en un «hábito». Y te prometo que, cuando incorporas un nuevo hábito, por duro que sea al inicio, acabará convirtiéndose en una simple rutina. Y en eso soy un experto. Yo sé muy bien lo que es incorporar nuevos hábitos, pero también, especialmente, sé muy bien lo que supone eliminar los malos hábitos. Y de esto, de eliminar los malos, también te hablaré en este capítulo.

¡Pero no te asustes! Todo esto se hace poco a poco, paso a paso. Si yo he podido, tú puedes, te lo aseguro. Sé que cualquier «gurú» te diría exactamente eso mismo, pero en mi caso es verdad, o por lo menos es más verdad. Si ya leíste mi libro *100 % Mentalidad de Éxito*, habrás podido entender que he superado adicciones, pensamientos tóxicos, mentalidad de pobreza, pobreza real y mucho más, con todo lo que ello conlleva.

La incorporación de hábitos, gracias a una correcta autodisciplina, es lo que me ha ayudado a superar todo eso. Poco a poco, hábito a hábito. Al final es algo adictivo. Cuando incorporas un nuevo hábito a tu vida, habiendo pasado el proceso previo hasta lograr que se vuelva algo rutinario, tu cerebro segrega ciertos químicos que te hacen sentir bien, feliz, exitoso. ¡Y quieres más! Esto facilita la incorporación de nuevos hábitos. Como ya habrás pasado por ahí, ya conocerás el proceso, ya sabrás que puedes lograrlo y que, finalmente, se convertirá en algo «habitual» en tu vida.

Pero, para lograr todo esto, necesitas practicar la autodisciplina. Es la base que hace posible los hábitos. Y a su vez, estos te vuelven cada vez más disciplinado. Recuerda que estos cambios no llegan de la noche a la mañana, sino que son parte de un proceso. Tendrás que hacer algo muchas veces, tengas ganas o no, hasta que se convierta en un hábito, siendo consciente de que eso te va a aportar un beneficio a largo plazo. Hay quien dice que se necesitan 21 días para adoptar un nuevo hábito, otros dicen que son 3 meses... Lo cierto es que depende de muchos factores. No pienses en el tiempo que te tomará, ve poco a poco, con la satisfacción de que hoy has hecho lo correcto, y de que mañana también lo harás. Un día a la vez.

Cuando empieces, la autodisciplina será la que te haga seguir por el buen camino. Por ejemplo, si quieres adquirir el hábito de levantarte más temprano, la autodisciplina será lo que lo haga posible hasta que se convierta en un hábito. Al principio no tendrás ganas, hará frío o tendrás sueño. Pero el desarrollo de esta cualidad te ayudará a levantarte temprano cada día y, al final, te levantarás sin poner la alarma del reloj, como si fuese lo más normal del mundo. Es más, te levantarás con más ganas y energía que ahora que te levantas más tarde. ¿Te parece algo imposible e incluso una locura? ¡A mí me lo parecía! Y aquí me tienes, pegando un salto de la cama a las 5 de la mañana, poniéndome las zapatillas y saliendo a correr con una sonrisa en la cara. Yo, hace años, a esas horas aún ni había vuelto a casa. Puede que levantarte temprano no sea uno de tus objetivos en mente, no te preocupes, ahora mismo tan solo trato de darte ejemplos prácticos para que entiendas el concepto.

El caso es que el conjunto de tus acciones diarias son lo que definen el rumbo de tu vida. Sabiendo cuáles son los desencadenantes de estas acciones, podemos tomar el control y tomar mejores decisiones. Cada pequeño hábito, por insignificante que parezca, puede acercarte más a tus objetivos o alejarte de ellos. Para desarrollar autodisciplina, deberás identificar los malos hábitos y sustituirlos por otros que aporten algún beneficio a tu vida y al logro de tus metas.

En este capítulo profundizaremos en la teoría del ciclo del hábito, entendiendo cómo las señales, rutinas y recompensas se unen para formar hábitos. Te mostraré estrategias prácticas para identificar y modificar tus bucles de hábitos y así poder implementar cambios positivos. También aprenderás cómo sustituir hábitos negativos por otros positivos, y comprenderás la importancia de la creación de nuevas rutinas. Mi misión ahora es que tengas un conjunto de herramientas para crear y mantener hábitos positivos que te garanticen el éxito a largo plazo.

TEORÍA DEL CICLO DEL HÁBITO

Para desarrollar hábitos positivos y mejorar la autodisciplina, es interesante conocer la teoría del ciclo del hábito o bucle del hábito. Esta teoría nos ayuda a identificar las causas de nuestras malas prácticas, para así poder modificarlas o sustituirlas por otras. Cualquier cosa puede ser un desencadenante, como un determinado estado emocional, un momento del día o una ubicación en particular. Identificando estas señales, podrás tomar el control de las situaciones que provocan tus comportamientos instintivos. De esta forma podrás sustituir los hábitos negativos por otros positivos.

La mejor forma de identificar los desencadenantes es analizar tu rutina diaria para detectar patrones. Por ejemplo, si tienes tendencia a comer comida basura en situaciones de estrés, el estrés es la señal, comer comida basura sería la rutina y la satisfacción de comerla la recompensa. Sabiendo esto podrás anticiparte, creando un plan de comidas más saludables. Conocer la raíz de un mal hábito es lo que te permitirá poder cambiarlo por un hábito positivo y obtener de ello una oportunidad de crecimiento. Así no solo habrás eliminado un hábito que te estaba lastrando en tu camino hacia el éxito, sino que habrás incorporado uno que te ayudará a avanzar. Es decir, no solo no estarás dando pasos para atrás, sino que ahora estarás dándolos hacia adelante. La diferencia es abismal.

Anota en un diario cuándo y dónde ocurren ciertos comportamientos y de esta manera lograrás identificar patrones que estabas pasando por alto. Con la práctica, empezarás a detectar fácilmente las conexiones entre tus acciones y las señales que las originan. Es más fácil cambiar un hábito si atacamos el origen del comportamiento en lugar del comportamiento en sí.

Dividir el ciclo de hábitos en cada una de sus partes —señal, rutina y recompensa— nos permite realizar modificaciones estratégicas. Por ejemplo, si después de un entrenamiento te apetece comer algo rápido para recuperarte, en lugar de un trozo de pastel puedes comer algo de fruta, que es una opción más saludable. La clave es mantener el factor satisfactorio de la recompensa mientras cambias la parte intermedia del ciclo, que es la rutina.

Por lo tanto, crear nuevas rutinas con recompensas similares ayuda a crear hábitos positivos. El objetivo es reemplazar patrones negativos por acciones constructivas que ofrezcan la misma satisfacción. Una vez tengas identificada una señal y la recompensa deseada, puedes experimentar con varias rutinas hasta encontrar la más adecuada.

Para formar nuevos hábitos vas a necesitar ser constante. Por ejemplo, si deseas hacer ejercicio cada día, elige una señal (como despertarte) y una rutina (como un desayuno nutritivo después del entrenamiento), que te aportará la recompensa (satisfacción). Repetir esta nueva rutina diariamente asegura que tu cerebro asocie la señal con la actividad y la recompensa, formando así un nuevo hábito que hará que acabes siguiendo la rutina de forma automática.

Poco a poco se irá formando una bola de nieve. La incorporación de hábitos positivos dará como resultado la creación de más hábitos positivos. Esto es así. Una persona que crea el hábito de hacer ejercicio de forma regular generalmente acaba implementando otras prácticas, como el de comer de forma más saludable, dejar los vicios (tabaco, alcohol...) y levantarse temprano. Todo ello conduce a desarrollar una fuerte autodisciplina. Enfocarte en hábitos clave producirá un efecto dominó que mejorará impresionantemente tu calidad de vida en general.

CREANDO HÁBITOS POSITIVOS

Para saber qué hábitos necesitarás para alcanzar tus metas a largo plazo, primero debes reflexionar sobre tus valores y sueños. Así sabrás qué es lo que realmente te importa y podrás elegir aquellos que estén de verdad alineados con tus intereses. Por ejemplo, si lo que quieres es estar saludable, deberías incorporar rutinas como hacer ejercicio con regularidad y comer bien. Cuando tus hábitos están en concordancia con tus metas personales, encuentras el propósito y la motivación que te mantienen autodisciplinado. Además, reflexionar sobre tus valores también te ayuda a establecer metas que signifiquen algo más profundo para ti. Si tus hábitos están alineados con tus valores, te será más sencillo adoptarlos y será más difícil que falles cuando las cosas se compliquen. De esta forma, tu autodisciplina aumenta porque estás luchando por algo que realmente te importa. Ten en cuenta que no se trata solo de alcanzar una meta, sino de construir un estilo de vida que sea fiel a quien quieres ser.

Otro requisito para integrar con éxito nuevos hábitos en tu vida es crear planes claros y estrategias de respaldo. Al igual que con las metas, con tus hábitos también debes tener siempre una estrategia alternativa para que ningún contratiempo afecte tu progreso. La vida no es perfecta y, por mucho que lo tengas todo perfectamente planeado, siempre surgirán imprevistos. Tener un plan B te permitirá ajustarte y seguir comprometido con tus nuevas prácticas, a pesar de los percances. Por ejemplo, si tu tiempo de lectura se ve interrumpido, tener otro momento pensado para estos casos evitará que falles ese día. Prepárate de antemano para reducir el daño de los contratiempos que aparezcan. Así serás capaz de mantener tu compromiso con tus nuevos hábitos y reforzar tu autodisciplina.

Como con todo lo demás, comienza poco a poco y ve aumentando gradualmente tus hábitos. Querer abarcar demasiado de golpe, tan solo te servirá para que te canses y te frustres y, por lo tanto, que procrastines y abandones. Si empiezas con pequeños cambios, todo el proceso te parecerá menos intimidante y será más probable que sigas adelante.

A medida que avances, estos pequeños logros te servirán de experiencia y estímulo para animarte a comenzar hábitos más difíciles. Es como construir músculo; comenzar con pesos ligeros te ayuda a ganar fuerza poco a poco para que puedas entrenar con cargas más pesadas en el futuro. Esta estrategia está pensada para que desarrolles una mentalidad capaz de evolucionar y adaptarse con el tiempo, fortaleciendo tu autodisciplina.

Es importante que mantengas una mentalidad positiva si quieres construir y mantener buenos hábitos. Recompénsate por un trabajo bien hecho, siempre y cuando la recompensa no vaya en contra del motivo de tus hábitos y de tus metas. Si quieres perder peso o estar más saludable, no te recompenses con una pizza. Puedes tomarte un día de descanso, ir al cine a ver esa película que tantas ganas tienes de ver, comprarte un pequeño capricho o simplemente decirte a ti mismo lo orgulloso que estás por tus logros y lo bien que lo estás haciendo. Esto último no solo levanta tu ánimo, mejora tu autodisciplina y aumenta tu motivación, sino que también fortalece las zonas de tu cerebro vinculadas a los hábitos, facilitando que se asienten en tu vida diaria.

ELIMINANDO HÁBITOS NEGATIVOS

Ahora que ya sabes cómo incorporar buenos hábitos en tu vida, si quieres conservarlos, necesitarás eliminar los malos, aquellos que están impidiendo que tengas autodisciplina. Primero, sé honesto contigo mismo acerca de tus prácticas. La mayoría de la gente se niega a reconocer sus hábitos negativos y sus desencadenantes. Aquí nadie te está juzgando. Malos hábitos tenemos o hemos tenido todos. No te avergüences de ello ni te sientas mal. Para estas cosas estás leyendo este libro y para eso te estoy ayudando. Tómate un respiro, analiza tu rutina diaria e identifica tus reacciones emocionales. Quizás te des cuenta de que cada vez que te estresas, te lanzas de cabeza a la nevera o caes en la postergación. Identificar qué emociones o situaciones producen estos comportamientos es lo que te permitirá encontrar una solución. No se trata de criticarte a ti mismo; solo se trata de saber cómo funcionas.

Una vez que hayas detectado esos malos hábitos, es hora de sustituirlos por otros positivos. Así es, la mejor forma de eliminar un mal hábito es reemplazarlo por uno bueno. No puedes simplemente evitar un mal hábito y esperar que el vacío que quede se mantenga, pues acabará llenándose con algo igual de malo o peor. En lugar de eso, debes llenar ese espacio con algo bueno. Por ejemplo, si pierdes el tiempo en las redes sociales cuando estás aburrido, ¿por qué no abres un libro o sales a dar un paseo? Este cambio eliminará tus viejos patrones, creando hábitos más saludables. «Un clavo saca otro clavo» y un hábito se supera con otro hábito.

Pero no hagas cosas como reemplazar los *snacks* nocturnos por realizar tareas domésticas. Elige cosas que te aporten una sensación de logro y que te hagan sentir bien. Hacer ejercicio, tener aficiones o aprender algo nuevo te da esa sensación de satisfacción mientras te mantiene en el camino hacia el éxito.

Crea un entorno que facilite tu adaptación a los nuevos hábitos. Si la comida basura es un problema, coloca los alimentos saludables donde puedas verlos y esconde los *snacks* poco saludables en el fondo del armario, aunque yo te recomiendo que directamente no los tengas en casa, no los compres. Tengo que reconocer que si yo tuviera acceso a ellos más de una vez fallaría en mis prácticas saludables en momentos de estrés. Si no los tengo, no me los como y tampoco hay tentación, así de sencillo. De igual modo, separa en tu hogar los espacios de trabajo de los de ocio o descanso. Tenerlos separados es la mejor forma de mantenerte enfocado y no acabar mezclando actividades.

En cuanto a tu círculo social —esto no te va a gustar—, trata de rodearte únicamente de personas que tengan su vida en orden. Sé que puede parecer duro, pero deberás cortar lazos con amigos que fomentan tus malos hábitos. Ya sabes que tu madre siempre te dijo que no fueras con malas compañías. Las madres son sabias y el empresario estadounidense Jim Rohn también. Él decía: «Eres el promedio de las 5 personas que te rodean». Tus entornos sociales moldean tu comportamiento, ya sea de manera positiva o negativa. ¿Qué crees que pasará si solamente te relacionas con gente que hace deporte, se alimenta de forma saludable y tiene grandes aspiraciones en la vida? Que tú harás lo mismo. Ya sabes lo que pasa cuando te relacionas con gente que hace todo lo contrario. No digo que tengáis que dejar de «ser amigos», pero si esa gente no está alineada con tus metas, te aseguro que puede restar mucho y sumar nada al logro de tus objetivos. Y no te sientas mal por tomar distancias, ya que eres tú el que va por el buen camino, el que ha decidido eliminar los malos hábitos y el que está poniendo las ganas y la dedicación para tener una vida mejor. Las abejas no pierden el tiempo explicándoles a las moscas por qué la miel es mejor que la mierda.

Pero esto no quiere decir que tengas que ir solo por la vida. Tan solo apártate de quien no aporta. Sin embargo, debes construir algo de responsabilidad social para mantener tus malos hábitos a raya. Comparte tus metas con amigos o familiares que no te lleven por el mal camino, que no tengan especialmente malas costumbres y que comprendan tu viaje. Esto te aportará un extra de motivación. Saber que alguien más está siguiendo tu progreso te mantiene en el juego. Para esto, algo que funciona de maravilla es reunirse regularmente con un mentor, unirse a un grupo que tenga tus mismos intereses o formar equipo con un amigo de ideas afines a las tuyas.

También hay a quien le ayuda mucho hacer públicas sus intenciones. Contarles tus metas a tus amigos o difundirlas en las redes sociales puede hacer que te sientas más obligado a cumplirlas. Además, compartir tus luchas y victorias puede crear un ambiente donde todos os motivéis de forma mutua. Solo ve con cuidado; no te presiones demasiado o podrías quemarte, así que elige sabiamente a tus compañeros de viaje. Yo, con toda sinceridad, soy más partidario de trabajar en silencio y dejar que los resultados hablen por sí solos y hagan todo el ruido. Me siento más cómodo así, pero puede que yo sea un bicho raro y, sabiendo que a mucha gente le funciona el tema de la difusión, he querido mostrarte esa opción para que elijas la que más encaje con tus valores y tu personalidad. Ambas son igual de válidas para la persona adecuada.

CONSTANCIA Y RUTINAS

Una poderosa estrategia para aumentar tu autodisciplina es establecer rutinas matutinas y nocturnas. No hay mejor forma de volverse más disciplinado que empezar y finalizar el día con pequeñas tareas programadas, realizadas de forma constante cada día, a la misma hora y sin excusas.

Estas rutinas consisten en simples hábitos, sencillos de realizar, que te ayudarán a ser constante y te darán la sensación de estar teniendo pequeños logros. Estas sencillas rutinas servirán de entrenamiento para tu mente, para darte cuenta de que eres capaz de lograr cosas, capaz de ser autodisciplinado y capaz de tener éxito. Recuerda que el éxito siempre busca más éxito. La sensación de alcanzar pequeños logros te motivará a intentar retos mayores.

Si has corrido alguna vez —y no me refiero a correr después de robar un banco o delante de un perro que trata de alcanzarte para morderte— lo entenderás. El deporte hoy conocido como *running* es una de las cosas más adictivas que he probado. Empiezas corriendo un par de kilómetros, unos pocos minutos, y tu cuerpo te va pidiendo cada vez más, casi como si de una droga se tratase. Y al final acabas corriendo 25 kilómetros todos los días, controlando los tiempos, las pulsaciones por minuto, etc. Y eso es solo en mi caso, pues hay quien con 25 kilómetros no siente ni cosquillas.

Con el éxito y la autodisciplina necesaria para lograrlo ocurre exactamente lo mismo: siempre se quiere más. Por eso, establecer pequeñas rutinas nos sirve de entrenamiento y adaptación para sentir que sí que podemos ser autodisciplinados y sí somos capaces de lograr cosas cada vez mayores. ¿No es fantástico saber que a partir de ahora vas a lograr grandes cosas?

A continuación, te muestro algunas rutinas matutinas y nocturnas que puedes empezar a implementar. No hace falta que las incorpores todas de golpe. Elige las que te parezcan más oportunas para tus objetivos y situación personal. Aunque yo te recomiendo que acabes implementándolas todas. ¡Tu vida mejorará muchísimo!

RUTINAS MATUTINAS

1. Levántate temprano

Ya sabes que está de moda levantarse a las 5:00 a. m. para ser un triunfador. Las redes sociales están plagadas de *influencers* fomentando ese hábito como si te fueras a hacer millonario solo por eso. Pero, más allá de «vendehumos» y papanatas, lo cierto es que levantarse temprano ayuda, y mucho. Y no han descubierto nada nuevo. ¿Es obligatorio? No. Hay a quien no le funciona bien. A mí sí.

Levantarte temprano te da autodisciplina. No es fácil hacerlo, pero lo haces de todos modos, sin excusas, y eso es autodisciplina. También te hace ser más productivo. Es cierto que puedes levantarte más tarde, comenzar más tarde y acabar más tarde tus tareas, pero no es lo mismo. No me preguntes por qué, pero no es lo mismo. La energía física y mental es mayor empezando el día temprano. Y sé que estarás pensando en que tendrás sueño y todo eso, pero será solo al principio, te lo prometo. En cuanto tengas el hábito de levantarte temprano, notarás una vitalidad, un enfoque mental y una motivación como no habías tenido antes.

No empieces de golpe. Levántate media hora antes, luego una hora… Ve poco a poco y te irás adaptando hasta el punto de que no necesitarás despertador. Tu cuerpo y tu mente se pondrán en marcha gracias a tu reloj biológico y solo tendrás ganas de arrasar con todo lo que te propongas.

Te recomiendo el libro de Robin Sharma, *El club de las 5 de la mañana: controla tus mañanas, impulsa tu vida* (Penguin Random House, 2018). En él se explican magistralmente, en forma de historia, los beneficios de levantarse a las 5 de la mañana.

2. Haz ejercicio

Hazlo nada más levantarte. Da igual el tipo de ejercicio que sea: sal a correr, a caminar, levanta pesas o ponte a bailar *break dance*, pero haz ejercicio en cuanto abras los ojos.

Yo tengo la ropa de deporte preparada al lado de mi cama. Lo primero que hago al despertarme es saltar de la cama con energía, sin excusas, y me pongo la ropa de deporte. Lo hago así ganándole la batalla a mi mente traicionera, que me dice que me quede un poquito más en la cama, que no pasará nada, que me lo merezco.

Salta de la cama, ponte la ropa de deporte y ve a hacer ejercicio. Si hace falta, hazlo en pijama o desnudo, me da igual, pero hazlo, sin excusas. Eso es autodisciplina. Si no eres capaz de hacer eso, ¿cómo vas a tener autodisciplina en cosas realmente difíciles?

El ejercicio matutino activa el cuerpo y la mente, proporciona energía para el resto del día y te espabila quitándote el sueño. También mejora el estado de ánimo liberando endorfinas. Y lo más importante, fortalece la autodisciplina desde la primera hora del día, preparando tu mente para ser autodisciplinado en el resto de las áreas de la vida.

3. Medita

Los ejercicios de meditación, o prácticas similares, ayudan a alcanzar un estado mental óptimo para el resto del día.

Puedes realizar los típicos ejercicios de meditación. Si no sabes de qué te hablo, te recomiendo que hagas uso de aplicaciones o vídeos de meditación guiada para principiantes. En YouTube tienes cientos de vídeos que te servirán de ayuda. Este no es un libro sobre meditación, lo siento.

Sinceramente, tengo que reconocer que soy de los que se ponen más nerviosos que relajados al meditar. Ojalá tú no seas igual, ya que la meditación es una herramienta muy útil. Pero si eres un «bicho raro» como yo, puedes realizar otro tipo de ejercicios igual de útiles, como escribir tus pensamientos o las metas del día en un diario.

4. Desayuna de forma saludable

Más allá de que todo el mundo debería hacerlo por salud y sentido común, realizar un desayuno saludable y equilibrado te proporcionará la energía necesaria para enfrentar el día. Por otro lado, lo que comemos influye en nuestro estado mental por dos motivos: por el efecto de los propios alimentos y por la sensación de estar haciendo algo beneficioso para nuestra salud, nuestra mente y nuestros objetivos.

Además, «obligarte» (aunque no me gusta esa palabra) a comer algo saludable y no la primera porquería que te apetezca, reforzará tu nivel de autodisciplina y, al fin y al cabo, de eso se trata, ¿verdad? No es fácil renunciar a la bollería industrial y porquerías por el estilo si se está acostumbrado a ello. Pero con los días, una vez adquieras el hábito, verás que lo que más te apetece comer después de tu sesión matutina de ejercicio es algo saludable y no otra cosa, créeme.

¿Qué es un desayuno saludable? Pues creo que es tan sencillo como aplicar el sentido común. Seamos sinceros, todos sabemos lo que es saludable y lo que no. Podemos errar por muy poco. Además, un buen ejercicio de autodisciplina podría ser documentarte sobre nutrición. Pero, en fin, ya sabes: verdura, fruta, carne magra a la plancha, huevos (¡pero no fritos!), avena, grasas saludables (aceite de oliva en crudo, frutos secos, aguacate...). ¡Pero espera! No te comas todo esto de golpe. Haz una selección de alimentos y no te pases con las cantidades.

5. Planifica tu día

No se trata solo de pensar qué vas a hacer, sino cómo lo vas a hacer y en qué momentos lo vas a hacer.

Dedicar unos minutos a planificar las tareas del día ayuda a mantener el enfoque y la organización. Si lo tienes todo planificado a la perfección, aumentará tu productividad, pues no estarás pensando a todo rato qué debes hacer y cómo hacerlo, simplemente te pondrás a ello.

Además, tener una lista de actividades programadas ayuda a evitar la procrastinación y escaquearse de hacer lo que hay que hacer, cuando haya que hacerlo. Completar cada día el *planning* requiere autodisciplina. Habrá cosas que no quieras hacer, otras que te den menos pereza y otras que sencillamente olvidarías hacer de no tenerlas anotadas y planificadas.

RUTINAS NOCTURNAS

1. Desconéctate de tus dispositivos electrónicos

Eliminar el uso de dispositivos electrónicos, al menos una hora antes de acostarse, mejora notablemente la calidad del sueño. Dormirás mejor, descansarás mejor, te costará menos levantarte temprano, te levantarás con más energía y tendrás tiempo en la noche para hacer cosas mejores que ver tonterías en redes sociales o en televisión.

¿Qué cosas sí debes hacer? Pues leer un buen libro, el que te apetezca, pero mejor si es de desarrollo personal o cualquiera que te enseñe algo que te acerque más a tus objetivos, ya sea aprendiendo nuevas habilidades o algo relacionado con tus metas. También puedes, y deberías, dedicar tiempo de calidad a tu familia y practicar alguna actividad relajante, como tomarte un baño o escuchar música suave.

Desconectarte de aparatos electrónicos, además de hacerte ganar tiempo para actividades de calidad y evitar que te vuelvas tonto, es todo un ejercicio de autodisciplina. Si tienes la costumbre de ver televisión o tener el teléfono móvil en la mano hasta la hora de irte a dormir, prueba a desconectarlo todo una hora antes como mínimo. Este hábito te ayudará a entrenar tu autodisciplina y mejorará tu calidad de vida.

2. Reflexiona y da gracias

No hace falta que entres en trance ni que alinees tus *chakras*, a menos que te apetezca hacerlo. De ser así, ¡adelante! Pero, de momento, para lo que buscamos con este libro es suficiente con que reflexiones sobre los logros del día y sobre lo que hayas aprendido. Y no me digas que no has aprendido nada, ¡reflexiona un poco más, que seguro que algo has aprendido! Ya sabes el dicho de «a la cama no te irás sin saber una cosa más».

Da gracias por lo que tienes y siéntete orgulloso y satisfecho por haber cumplido con éxito todas tus rutinas, tareas y micrometas diarias.

Hacer todo esto tiene un increíble impacto mental positivo. De este modo, tomarás conciencia de todo lo que tienes, de que realmente no tienes tantas carencias como crees y de que eres capaz de lograr más de lo que imaginabas. Como resultado, obtendrás un buen aporte de energía y motivación para seguir adelante con todo lo que te hayas propuesto.

3. Prepárate para el día siguiente

Preparar el día la noche antes reduce el estrés matutino y te hace más productivo.

Elige y prepara la ropa que te pondrás el día siguiente. ¡Recuerda preparar también la ropa para tu rutina de ejercicio matutino!

Organiza la bolsa, maletín o lo que necesites llevarte al trabajo, a la universidad, al gimnasio o donde sea que tengas que ir.

Planifica el desayuno. Si hay alimentos que no necesiten refrigeración, déjalos ya a mano, listos para ser utilizados. Pon el resto de ellos, todos juntos, a la vista en el refrigerador. Deja listo también cualquier utensilio que vayas a necesitar para preparar el desayuno o para servirlo.

CONCLUSIÓN

En este capítulo comenzamos aprendiendo los aspectos fundamentales de la creación de hábitos positivos y el fortalecimiento de la autodisciplina a través del ciclo del hábito. Identificar tus desencadenantes, rutinas y recompensas te permite modificar ciertos comportamientos, ayudándote a adoptar rutinas más saludables y productivas.

Hemos visto la importancia de tener un plan de contingencia para estar preparados ante los imprevistos de la vida y no poner en riesgo nuestros nuevos hábitos. No se trata de tener una excusa para salirnos del plan A cada vez que nos apetezca, sino de tener una alternativa cuando algo interrumpa nuestro plan principal, evitando así fallar en nuestras nuevas prácticas.

No cambies todo de la noche a la mañana. Eso tan solo te llevaría al agotamiento y la frustración. Realiza pequeños cambios manejables que vayan reforzando tus nuevos hábitos, hasta que se conviertan en algo totalmente rutinario. Con esta forma progresiva de actuar, desarrollarás una mentalidad resiliente capaz de adaptarse y crecer.

No será suficiente con crear buenos hábitos; eliminar los malos es igual de necesario. Aquí el autoanálisis juega un papel importante. Identificando las causas que desencadenan tus malos hábitos podrás encontrar una solución, buscando alternativas que sean satisfactorias y beneficiosas para ti.

Mejora tu entorno para encontrar inspiración y motivación a la hora de incorporar rutinas positivas y para evitar influencias que te impidan deshacerte de tus malos hábitos. Elimina las tentaciones en tu hogar, evitando comprar productos poco o nada saludables, y separa las zonas de trabajo de las de ocio o descanso.

La constancia y las rutinas son la base para mantener la autodisciplina. Incorpora rutinas diarias para acostumbrarte a ser más disciplinado. Estas simples rutinas producirán en ti esa sensación de logro necesaria para autoconvencerte de que eres capaz de alcanzar tus objetivos.

Adoptar hábitos positivos puede crear un efecto dominó, transformando otras áreas de tu vida. Experimentar pequeñas victorias en hábitos fundamentales te motiva a realizar mejoras en todo lo demás, produciendo una reacción en cadena que da como resultado un estilo de vida más disciplinado.

El viaje hacia una autodisciplina constante conlleva, entre otras cosas, comprender profundamente tus hábitos y hacer ajustes si fuera necesario. Celebra tu progreso, aprende de los contratiempos y sigue avanzando. ¿Qué nuevos hábitos vas a incorporar ahora y cómo harán que logres tener una vida más disciplinada? Las posibilidades son casi infinitas y el camino hacia una mejor versión de ti mismo comienza con los hábitos que empieces a implementar hoy.

> *«Puede que no seas responsable de la situación en la que estás, pero lo serás si no haces nada para cambiarla»*
> (Martin Luther King).

DOMINANDO LA GESTIÓN DEL TIEMPO

Puede que estés pensando qué tiene que ver la gestión del tiempo con la autodisciplina. Pues tiene que ver mucho. ¿Para qué quieres desarrollar autodisciplina? Para lograr objetivos. Pues bien, utilizar estrategias de manera efectiva para gestionar tu tiempo y aumentar la productividad puede marcar una gran diferencia en el logro de tus objetivos. Del mismo modo, se necesita poner en práctica la autodisciplina para ser capaz de gestionar el tiempo eficazmente. A menudo, no somos capaces de evitar las distracciones y de enfocarnos en nuestras responsabilidades, es decir, no somos autodisciplinados, por lo que es importante utilizar métodos para solucionar este problema. Si gestionas bien tu tiempo, te sentirás menos abrumado por la carga de trabajo, postergarás menos, habrá menos probabilidades de que abandones tus metas y, por lo tanto, desarrollarás más autodisciplina. Da igual que seas un estudiante que tiene que prepararse para unos exámenes, un profesional que intenta cumplir con los plazos o un emprendedor que ejecuta múltiples proyectos, necesitas perfeccionar tus habilidades de organización del tiempo. La idea es lograr más en menos tiempo, reducir el estrés y crear una vida que te permita una mayor dedicación a tu familia o aficiones.

En este capítulo te voy a enseñar cómo priorizar tus tareas de manera inteligente y, lo mejor de todo, cómo dejar de aplazarlas de una vez por todas. Aprenderás técnicas como la creación de jerarquías de tareas y el uso de la matriz de gestión del tiempo para identificar y enfocarte en actividades de alto impacto. Además, aprenderás cómo dividir las tareas en segmentos más pequeños y manejables para que resulten menos abrumadoras y más fáciles de abordar. Compartiré contigo estrategias para vencer la procrastinación, como establecer plazos claros, utilizar la técnica *pomodoro* y desarrollar una mentalidad productiva. Con estas herramientas estarás listo para gestionar tu tiempo de manera más eficiente y provechosa.

PRIORIZACIÓN DE TAREAS

Para gestionar bien tu tiempo, deberás aprender a priorizar tareas. La jerarquización de estas te ayudará a identificar las más importantes y, por lo tanto, aquellas por las que debes comenzar. Al establecer una lista clara de prioridades para las acciones diarias, puedes enfocarte en lo que realmente importa y evitar perder el tiempo en actividades menos importantes. Este enfoque hará que centres tu esfuerzo y energía en las tareas de alto impacto que harán que aumente de manera notable tu rendimiento.

Para crear una jerarquía de tareas, comienza realizando una lista con todas las que tienes que realizar. A continuación, sepáralas en categorías, según su importancia y urgencia. Las de alta prioridad deben ser aquellas que tienen consecuencias significativas si no se completan rápidamente o que requieren acción inmediata. Las de prioridad media son importantes, pero no tan urgentes, mientras que las tareas de baja prioridad pueden dejarse para el final sin que esto afecte tus resultados. Organizándolas de esta forma, tendrás claro en qué enfocarte y esforzarte de manera efectiva.

Ordenar las tareas según su prioridad reduce el estrés y la sobrecarga de trabajo. Cuando tienes claro qué hacer y en qué orden, puedes concentrarte en lo más importante con la mente clara. Con este método gestionarás mejor tu tiempo, asegurando que completas primero las tareas más importantes y produciendo en ti la sensación de logro que te motivará para seguir avanzando.

Yo era un desastre hasta que comencé a aplicar este método. Siempre fui muy trabajador, un espartano, disciplinado..., pero era un desastre en cuanto a la organización. Mi mentalidad era la de trabajar y trabajar y más trabajar, atacando todos los flancos, pensando que así sería imposible no tener resultados. Y lo cierto es que así se avanza mucho más que no haciendo nada, revisando el correo electrónico a cada rato o mirando las musarañas. Pero cuando empecé a priorizar tareas y dedicar mis mayores recursos a lo esencial y urgente, todo mejoró muchísimo: avancé más rápido y me estresé mucho menos. Y lo mejor es que nunca más volví a dejar asuntos importantes para el día siguiente por falta de tiempo.

MATRIZ DE GESTIÓN DEL TIEMPO

Una forma sencilla de saber cómo priorizar tus tareas es utilizando el método de la matriz de gestión del tiempo, también conocida como la matriz de Eisenhower. Esta matriz divide las tareas en cuatro cuadrantes: urgentes e importantes, importantes pero no urgentes, urgentes pero no importantes y ni urgentes ni importantes. Clasificarlas en cada uno de sus cuadrantes te ayudará a diferenciar entre aquellas que requieren atención inmediata y aquellas que pueden programarse o incluso eliminarse.

Es muy sencillo de hacer, simplemente coloca cada tarea en el cuadrante apropiado. Las que son urgentes e importantes son las principales prioridades y debes ejecutarlas de inmediato. Las importantes pero no urgentes pueden planificarse para más tarde (¡pero complétalas antes de que se vuelvan urgentes!). Las urgentes pero no importantes deben delegarse (si eso fuera posible), ya que así tendrás más tiempo para las más importantes. Las que no sean ni urgentes ni importantes solo te distraerán, te robarán tiempo y seguramente ni siquiera sean necesarias. Así que debes tratar de reducir este último tipo de tareas, o directamente eliminarlas.

La matriz de gestión del tiempo te proporcionará una imagen visual de tus tareas para que sepas en todo momento en qué debes enfocarte para ser más productivo. También te ayudará a no caer en la tentación de dedicarle tiempo antes a las más fáciles y divertidas, pero menos productivas. Pon en práctica este método para hacer un uso eficiente de tu tiempo, siendo así más productivo y estresándote menos.

PRINCIPIO DE PARETO

Otra forma eficaz de mejorar tu productividad es utilizando la regla 80/20, también conocida como el principio de Pareto. Este principio afirma que solo una pequeña parte de lo que haces es lo que produce la mayoría de tus resultados. Identificar y concentrarte en estas tareas de alto impacto hará que seas más productivo. Aplicar el principio de Pareto consiste en enfocarse en el 20 % de las tareas que generan el 80 % de los resultados.

Básicamente, el principio de Pareto, o regla del 80/20, es un concepto que sugiere que, en una aproximación, el 80 % de los efectos provienen del 20 % de las causas. Aquí tienes algunos ejemplos:

- El 80 % de las ventas de un negocio provienen del 20 % de los clientes.
- El 80 % de los resultados de *marketing* provienen del 20 % de las campañas.
- El 80 % de los costos médicos se generan por el 20 % de los pacientes.
- El 80 % de las visualizaciones de un blog provienen del 20 % de las publicaciones.
- El 80 % del trabajo lo hace el 20 % del personal de la oficina. El resto está ocupado buscando memes para enviar a su grupo de WhatsApp.
- El 80 % de los resultados se generan por el 20 % de lo que hacemos para lograrlos.

En este caso, nosotros aplicaremos el principio teniendo en cuenta el último de los ejemplos. Para ello, comienza analizando tus tareas para saber cuáles contribuyen más a tus objetivos. Estas son las más importantes y debes darles máxima prioridad. Las que quedan siguen siendo necesarias, pero debes gestionarlas de manera que no te roben tiempo y esfuerzo. Enfocándote en el 20 % prioritario, lograrás mejores resultados con menos esfuerzo. Puede que en tu caso el 20 % no sea una cifra exacta, da igual. Tú simplemente analiza tus tareas e identifica cuáles de ellas dan mayores resultados que las demás o te acercan más al logro de tus objetivos. Esas son en las que te debes centrar.

Revisa y analiza tus tareas de forma constante. Busca patrones donde ciertas acciones produzcan mejores resultados que otras. Cuando las hayas identificado, dales prioridad en tu agenda diaria. De esta forma te aseguras aumentar tu productividad al máximo.

«El tiempo es lo que más queremos, pero lo que peor utilizamos» (William Penn).

EVITANDO LA PROCRASTINACIÓN

Uno de los principales enemigos de la autodisciplina es la postergación de tareas. Esto ya lo sabes. Pues bien, para desarrollar un buen dominio de la gestión del tiempo, y ser más productivo, tendrás que evitarla a toda costa. El primer paso es comprender qué es lo que la desencadena. A menudo, la procrastinación surge a causa de ciertos miedos y ansiedades, como el miedo al fracaso, el perfeccionismo o sentirse agobiado por una tarea demasiado complicada. Para identificar las causas por las cuales caes en este mal hábito, reflexiona detenidamente sobre las tareas que sueles retrasar. ¿Tienen algo en común que causen que las evites o dejes para lo último? Detectar la raíz del problema es esencial, ya que de lo contrario estarás frenando tu progreso.

¿Ya has detectado tus desencadenantes? Entonces es hora de desarrollar estrategias para contrarrestarlos. Por ejemplo, si el miedo al fracaso te paraliza y frena tu progreso, recuérdate a ti mismo que cometer errores es parte del aprendizaje. Fracasar es parte del proceso. Si intentas evitar el fracaso, estarás inevitablemente evitando el éxito. Reconocer y atacar estos patrones te permitirá buscar una solución efectiva, como crear metas más pequeñas y alcanzables para aumentar tu confianza, reducir la ansiedad y evitar los retrasos.

Si el motivo para procrastinar es que la carga de trabajo te abruma demasiado, una forma efectiva de evitarlo es mediante la técnica *pomodoro*, que consiste en dividir el tiempo en intervalos en los que estés enfocado totalmente en el trabajo (por lo general, 25 minutos) seguidos de breves descansos. Al dedicar tiempo específico a las tareas y mantenerte enfocado, reducirás la tentación de procrastinar y serás más productivo. Durante estos intervalos, elimina todo tipo de distracciones y concéntrate completamente en la tarea a realizar. Este enfoque no solo sirve para gestionar el tiempo de manera más eficiente, sino que también reduce la fatiga mental, lo que ayuda a que seas más productivo a lo largo del día.

Sentirse capaz de cumplir los plazos con responsabilidad es muy estimulante y te determina a ser más disciplinado. Utiliza este tipo de emociones como motivación para seguir avanzando. El secreto está en desarrollar resiliencia ante la dificultad. Recuérdate a ti mismo que cada tarea, por complicada que sea, es una oportunidad para aprender y crecer. Cada actividad te vuelve más fuerte, más autodisciplinado y te acerca un paso más hacia el éxito. Cambiando tu mentalidad, puedes transformar los obstáculos en peldaños hacia el logro de tus metas.

Comienza tu día con la tarea más desafiante («cómete el sapo»). Al comenzar primero con la tarea más difícil, obtendrás una sensación de logro desde la primera hora y tendrás una actitud positiva para el resto del día. Además, con esta estrategia evitarás posponer tareas difíciles, asegurando que te mantengas productivo y enfocado a lo largo del día.

Una vez más, te recuerdo que celebres las pequeñas victorias para aumentar tu motivación. Piensa que cada vez que completes una tarea, por pequeña que sea, estarás un paso más cerca de tu meta principal. ¡Eso merece reconocimiento! Para celebrar estas pequeñas victorias puedes hacer algo sencillo, como tomarte un breve descanso o disfrutar bebiéndote uno de tus refrescos favoritos. Este tipo de recompensas refuerzan el comportamiento positivo y hace que el proceso de completar actividades sea más gratificante.

No dejes de lado esta parte, la de celebrar. Es fácil acabar obsesionándote con el trabajo, inmerso mentalmente en las metas a largo plazo y no pararte a pensar en todo lo que estás logrando día a día. Debes celebrar incluso los logros aparentemente insignificantes, de modo que mantengas el ánimo alto y la motivación necesaria para seguir completando tus tareas. Este estímulo produce un ciclo de retroalimentación positivo donde el éxito genera más éxito, eliminando poco a poco el mal hábito de la procrastinación.

TÉCNICAS DE BLOQUEO DE TIEMPO

A continuación, voy a mostrarte otra técnica efectiva para mejorar tu productividad y desarrollar la autodisciplina que necesitas en la ejecución tus tareas. Es la estrategia de bloqueo de tiempo (o *Time Blocking*). Esta técnica consiste en diseñar un horario diario, asignando intervalos de tiempo específicos a cada una de las diferentes tareas.

CREACIÓN DE BLOQUES DE TIEMPO:

Comienza creando o revisando tu lista de tareas diarias y agrupando las que sean similares. Cada vez que pasa de una actividad a otra no relacionada, se produce un cambio mental al tener que hacer algo totalmente diferente. Esto te frena y hace que disminuya tu productividad. Todo esto se evita enfocándote en tipos específicos de tareas, pasando de una a otra similar.

Diseña un horario diario con bloques específicos para cada área (trabajo, descansos y actividades personales). Comienza tu día creando un plan basado en tus prioridades y niveles de energía. Dedica las horas de más energía a las tareas más exigentes, y los momentos en los que estés más agotado a las actividades que requieran menos esfuerzo y concentración. No olvides incluir en tu horario descansos cortos. Estos te ayudarán a mantenerte enfocado, evitar el agotamiento y refrescar tu mente antes de comenzar con la siguiente tarea.

Generalmente, las tareas más complejas requerirán bloques más largos e ininterrumpidos de tiempo, mientras que las más simples podrán completarse con espacios de tiempo más breves. Ajusta tu horario según sea necesario para que se adapte a tus momentos más productivos del día. La idea es ser más eficiente, eliminar el estrés y ser más disciplinado cumpliendo un horario de tareas.

PRIORIZACIÓN DE TAREAS:

Como ya hemos visto anteriormente, priorizar tareas es esencial para aumentar la productividad. Ahora veremos su importancia dentro de la técnica de bloqueo del tiempo.

Programar acciones prioritarias dentro de los bloques de tiempo asegura que te centres en completar estas primero, cuando dispones de mayor energía y concentración. Esto no solo garantiza que realices las tareas más importantes, sino que además reduce el estrés por los plazos de tiempo fijados para completar el horario.

> *«Nunca hay suficiente tiempo para hacerlo todo, pero siempre hay suficiente tiempo para hacer lo más importante»* (Brian Tracy).

PREVISIÓN DE CONTRATIEMPOS:

Crea bloques flexibles para poder hacer frente a tareas imprevistas. La vida es impredecible, y tu horario debe tener cierta flexibilidad para estar preparado ante situaciones inesperadas. Esto se consigue integrando tiempos de 15 o 30 minutos entre bloques, en lugar de programarlos seguidos unos de otros. De esta forma reduces las posibilidades de no llegar a cumplir tu horario y eliminas el estrés ante cualquier imprevisto.

CONSTANCIA:

Si aplicas de manera constante las técnicas de bloqueo de tiempo, lograrás formar hábitos que aumentarán notablemente tu efectividad. Sigue tu planificación de forma disciplinada y sin excusas hasta que se convierta en una rutina. Cuando se convierta en un hábito, te parecerá más sencillo seguir tu horario y no sentirás la necesidad de realizar ajustes constantemente. La constancia te dará experiencia, y esa experiencia te permitirá calcular mejor cuánto tiempo necesitas para las tareas habituales, siendo así preciso en futuras planificaciones.

OPTIMIZACIÓN DE BLOQUES DE TIEMPO:

Planifica los detalles de lo que pretendes lograr durante cada bloque. Divide las tareas más grandes en partes más pequeñas y manejables y describe los pasos necesarios para completarlas. Al tener un plan claro para cada bloque de tiempo, evitarás perder tiempo decidiendo qué hacer tras finalizar cada tarea. Esto supone, como ya hemos visto en otros apartados, tener una hoja de ruta detallada.

CONTROL DEL TIEMPO:

Usar temporizadores o alarmas es un truco infalible para mantenerte enfocado y disciplinado en tus tareas. Así no tendrás que estar mirando la hora constantemente ni perdiendo la concentración al querer saber de cuánto tiempo dispones para finalizarla. Configura un temporizador para cada bloque que indique cuándo debes empezar y finalizar cada tarea. Este método te ayudará a evitar exceder el tiempo en una actividad y te motivará a pasar al siguiente bloque según lo planificado. No olvides aplicar la técnica *pomodoro*: trabaja concentrado en bloques de tiempo y luego permítete un pequeño descanso.

REVISIONES Y AJUSTES:

Revisa y ajusta los bloques de tiempo para lograr una mejor gestión de este y un aumento progresivo de tu productividad. Si notas que algunas actividades te toman más o menos tiempo del que pensabas, no te preocupes, es parte del proceso. Si detectas ciertas tareas que suelen exceder la duración establecida, considera asignarles más tiempo o dividirlas en partes más pequeñas. Por el contrario, si algunos bloques los terminas con frecuencia antes de lo proyectado, reasigna ese tiempo extra a otras tareas en las que vayas justo o lo necesites para concluirlas. Simplemente realiza los reajustes necesarios y sácale el máximo provecho a tu tiempo.

USO DE HERRAMIENTAS Y APLICACIONES

Afortunadamente, hoy en día podemos ayudarnos del avance de las nuevas tecnologías para mejorar nuestra eficiencia y la gestión del tiempo. Existe una gran variedad de aplicaciones de gestión de tareas, herramientas de seguimiento del tiempo y calendarios. Estas soluciones digitales incluyen características que te ayudarán a mantenerte organizado, enfocado y dentro del camino hacia el éxito.

APLICACIONES DE GESTIÓN DE TAREAS

Este tipo de aplicaciones resultan muy útiles para organizar y realizar un seguimiento de las tareas. Proporcionan una plataforma digital donde los usuarios pueden crear y gestionar sus listas de actividades diarias de manera eficiente al enumerarlas, establecer prioridades y categorizarlas, obteniendo un mayor control sobre estas. Además, estas aplicaciones suelen incluir características como recordatorios y fechas de vencimiento, que aseguran que las tareas importantes no se pasen por alto y se completen a tiempo.

Una de las mayores utilidades de estas aplicaciones es, precisamente, su capacidad para programar recordatorios. Los recordatorios actúan como avisos que alertan a los usuarios sobre acciones o plazos próximos, evitando así la procrastinación y las prisas de última hora. Por ejemplo, una aplicación puede enviarte una notificación dos días antes de la fecha de entrega de un proyecto, dándote el tiempo suficiente para completarlo. Esta es una forma eficaz de no olvidar lo programado y de mantener un progreso de trabajo constante.

La opción de dividir las actividades por categorías también es una función muy interesante dentro de las aplicaciones de gestión de tareas. Como vimos en apartados anteriores, agrupando aquellas que son similares podrás optimizar tu trabajo y evitar la bajada de ritmo que se produce al cambiar constantemente entre categorías diferentes.

HERRAMIENTAS DE SEGUIMIENTO DEL TIEMPO

Estas herramientas nos permiten monitorear y analizar en qué se emplea el tiempo a lo largo del día. Registran horas de trabajo, descansos y cualquier distracción, ofreciendo valiosos *insights* sobre la rutina diaria. Te recomiendo utilizarlas para identificar patrones, reconocer hábitos que te hagan perder el tiempo y poder tomar decisiones que ayuden a aumentar tu productividad.

Al tener información detallada de cuánto tiempo dedicas a cada tarea y cuánto a descansar, sabrás exactamente cuáles son tus momentos de máximo rendimiento. Analizando los datos, podrás programar las tareas más complejas dentro de tus horas más productivas, y las más sencillas o descansos en los momentos en los que te encuentres con menos energía.

Otra ventaja de estas herramientas es que ayudan a identificar y eliminar distracciones. Teniendo un registro de las interrupciones podrás analizar sus fuentes y frecuencia para encontrar una solución. Por ejemplo, puedes evitar distracciones desactivando las notificaciones de tu teléfono móvil o creando un espacio de trabajo específico para ciertos asuntos. Como resultado, podrás estar concentrado en tu trabajo y serás más productivo.

Estas herramientas también nos sirven para establecer metas de productividad y realizar un seguimiento del progreso. Al fijarte objetivos específicos sobre cuánto tiempo dedicarás a cada tarea, podrás medir tu desempeño en comparación con otros puntos de referencia. Revisa de vez en cuando estos datos para tener la posibilidad de ajustar y mejorar continuamente, lo que te llevará a obtener cada vez mejores resultados.

APLICACIONES DE LA TÉCNICA *POMODORO*

Hay aplicaciones para casi todo, por lo que también podemos encontrar algunas que nos ayudarán a poner en práctica la técnica *pomodoro* de forma más cómoda. Estas aplicaciones aprovechan el concepto mediante temporizadores para mejorar la concentración y el rendimiento Suelen dividir el tiempo en intervalos de trabajo de 25 minutos, descansos de 5 minutos y descansos más largos después de varios intervalos.

El uso de estas aplicaciones hace más sencillo y cómodo poner en práctica los beneficios de la técnica *pomodoro*. Permiten mantenerte enfocado en las tareas y evitan el agotamiento. Tener en marcha un temporizador para las sesiones de trabajo te ayudará a concentrarte intensamente en la actividad en cuestión. Por otro lado, saber que un descanso está próximo aumenta la motivación y reduce la tentación de procrastinar. Este método es especialmente efectivo en personas que tienen dificultades para mantenerse concentrados en las tareas.

Gestionar grandes proyectos también resulta más sencillo gracias a estas aplicaciones, ya que nos permiten dividir tareas extensas en intervalos manejables, reduciendo la posibilidad de sentirse atosigado. También nos proporcionan una estructura clara de las actividades para abordarlas paso a paso, asegurando un progreso constante y evitando que se acumule trabajo sin terminar.

Sin duda, para lo que en realidad son útiles estas aplicaciones, es para evitar los aplazamientos y desarrollar autodisciplina. Al comprometerte a realizar solo una tarea a la vez, es más sencillo continuar trabajando después de cada intervalo. Además, con estas aplicaciones no sentirás la tentación de estar mirando la hora constantemente. Eso solo te distraería de lo que estés haciendo. Estoy seguro de que con el uso de estas útiles herramientas te verás más motivado a completar todas las tareas.

INTEGRACIÓN DE APLICACIONES DE TAREAS CON CALENDARIOS

Algunas de estas aplicaciones de gestión de tareas se pueden integrar a calendarios digitales, lo que significa que puedes sincronizar eventos y tareas relacionadas. Esto te da una visión clara y completa de los compromisos y plazos. Esta integración asegura que no se te pase por alto ningún punto de la planificación, dando como resultado, una vez más, una mejor gestión del tiempo y aumentando tu productividad.

Al fusionar aplicaciones de tareas con calendarios puedes organizar el día de forma visual y planificar bloques de tiempo para las actividades importantes. Por ejemplo, programar un bloque de «reunión de *marketing*» en el calendario junto con una tarea para «preparar diapositivas de presentación», asegura que completes las tareas relacionadas para la cita.

Teniéndolo todo de forma unificada, tanto actividades como eventos de calendario, se reduce el riesgo de solapamientos. Mediante estas aplicaciones es fácil adelantarse a cualquier problema de programación y ajustar tus planes con facilidad. Gracias a esto se evitan los cambios de última hora, se obtiene un plan de trabajo más claro y se hace un uso más eficiente del tiempo.

CONCLUSIÓN

En este capítulo hemos abarcado muchos aspectos sobre la gestión eficaz del tiempo como vía para aumentar la productividad.

- Al priorizar tareas, podrás enfocarte en lo que realmente importa y evitar perder el tiempo en actividades de menor trascendencia.

• Crear una jerarquía de tareas y usar herramientas como la matriz de gestión del tiempo te ayudará a concentrar tus esfuerzos en tareas de alto impacto.

• Ajustar las prioridades a medida que cambian las circunstancias te mantendrá flexible y listo para afrontar cualquier nuevo desafío que surja.

Otro punto clave que hemos visto es el de superar la procrastinación. Entender tus desencadenantes personales y desarrollar estrategias para contrarrestarlos marcará la diferencia entre tener éxito o no. Desglosar tareas grandes, establecer plazos claros y usar métodos como la técnica *pomodoro* te ayudará a mantener las postergaciones a raya. Recuerda la importancia de celebrar las pequeñas victorias para mantener la motivación y la productividad.

Otra poderosa estrategia que has aprendido es la programación por bloques de tiempo. Esto consiste en asignar franjas horarias específicas para diferentes tareas y diseñar un horario diario que revolucionará la forma en que gestionas tu día. Incluir tareas prioritarias en estos bloques asegura que lo más importante se haga primero. Ser constante con la programación por bloques te ayudará a crear hábitos que, con el tiempo, te harán ser más productivo. Revisarlos y ajustarlos regularmente te ayudará a mantener un horario efectivo.

El uso de la tecnología mediante aplicaciones de gestión de tareas, herramientas de seguimiento del tiempo y aplicaciones *pomodoro*, mejorará el modo en el que gestionas tus proyectos y aumentará tu efectividad. Estas herramientas ofrecen características como recordatorios, categorización y sincronización en tiempo real con calendarios digitales, ayudándote a mantenerte organizado y enfocado.

Para acabar, recuerda que se trata de encontrar lo que mejor funciona para ti. No intentes poner en práctica todas las estrategias y herramientas a la vez. Habrás notado que algunas son similares y se basan en los mismos principios. Encuentra las que mejor se adaptan a tu situación y simplemente conviértete en un experto en gestión del tiempo gracias a su uso. La vida siempre te lanzará desafíos inesperados, pero con las estrategias y herramientas adecuadas, puedes superarlos sin perder de vista tus objetivos principales. Implementar estas técnicas te llevará a ser más productivo, estar menos estresado y sentirte más exitoso tanto en tu vida personal como profesional.

Así que tómate un respiro después de tanta información. Vuelve a leer el capítulo si es preciso y reflexiona sobre estas estrategias. Piensa en cómo puedes incorporarlas en tu rutina. ¿Qué pequeño paso puedes dar hoy para empezar a gestionar tu tiempo de manera más efectiva? El camino hacia una mejor gestión del tiempo comienza con un solo paso bien planificado.

«Un viaje de mil millas comienza con el primer paso»
(Lao-Tsé).

DUREZA MENTAL Y RESILIENCIA

Hasta ahora hemos visto los aspectos técnicos y prácticos para desarrollar una firme autodisciplina. Tener una hoja de ruta con tareas planificadas, tiempos establecidos para completarlas, metas específicas y hábitos positivos son partes fundamentales para alcanzar esta capacidad. El camino se vuelve más fácil si sabemos exactamente a dónde vamos, cuáles van a ser cada uno de los pasos que debemos dar, y si además disponemos de herramientas que nos ayuden a tener una organización, un control y mantener la motivación y el compromiso.

Es fácil caer en la procrastinación, o directamente abandonar, si no sabemos a dónde vamos ni qué debemos hacer para llegar allí, y más aún si no creamos un firme compromiso con nuestras metas. A partir de ahora veremos la otra parte de la autodisciplina, que es igual de importante: la parte mental.

Si estás leyendo este libro es porque tienes dificultades para mantener la autodisciplina suficiente a la hora de lograr tus objetivos. Lo entiendo, de verdad. Eso puede suponer todo un reto, pero ahora al menos ya tienes herramientas y estrategias prácticas para dar los primeros pasos. Sin embargo, todo eso, sin la suficiente fortaleza mental y la resiliencia para superar obstáculos, no será suficiente para que logres mantener la disciplina en la vida. Pero no te preocupes, ya que en este capítulo nos centraremos en la construcción de estas importantes habilidades al mejorar la inteligencia emocional, aprender a manejar el estrés de manera efectiva y desarrollar una mentalidad de crecimiento. Comprobarás que con las estrategias adecuadas cualquier persona puede desarrollar una gran fortaleza mental y mantenerse firme a la hora de conseguir sus metas.

A continuación, descubrirás cómo comprender y controlar tus emociones para lograr esa fortaleza mental. Te mostraré técnicas prácticas para controlar el estrés y mantener la concentración, como los ejercicios de respiración profunda. Te enseñaré cómo adoptar una mentalidad de crecimiento, buscando continuamente la mejora, para enfrentarte a cualquier desafío con una confianza inquebrantable y un optimismo imparable. Estas estrategias te permitirán mejorar tu fortaleza mental y mantener la disciplina frente a la adversidad.

«Rendirse ante la adversidad es mostrarse de su parte»
(Diego de Saavedra Fajardo).

CONSTRUYENDO NUESTRA INTELIGENCIA EMOCIONAL

Sin trabajar la inteligencia emocional, es muy complicado plantarles cara a los desafíos de manera efectiva y mantener la disciplina. Así que ahora profundizaremos en sus principios fundamentales y descubrirás cómo estos no solo te ayudarán a superar cualquier obstáculo, sino que también te permitirán conservar la calma y la concentración cuando más lo necesites.

La clave de todo esto es comprender bien tus emociones para poder tomar mejores decisiones. Por ejemplo, si ya sabes que te pones nervioso antes de dar una charla ante un gran número de personas, podrás tomar medidas para controlarlo, como técnicas de respiración profunda o visualizándote con total tranquilidad al hablar y teniendo éxito con la reacción del público.

Ser consciente de tus emociones evita que estas nublen tu juicio y te permite actuar de manera racional ante determinadas situaciones. A menudo solemos reaccionar impulsivamente sin darnos cuenta de las emociones que nos llevan a actuar de esa manera. Al entender cómo te sientes y por qué te sientes así, evitarás reacciones negativas y podrás tomar decisiones que te acerquen más a tus objetivos.

La autorregulación te permite gestionar tus emociones de manera saludable y productiva. Esta consiste en técnicas como esperar un momento antes de actuar frente a una situación estresante, practicar la atención plena y tener un diálogo interno positivo. Estas sencillas técnicas te ayudan a mantener la cabeza fría y tomar mejores decisiones en situaciones límite. Controlar tus emociones evitará que decidas impulsivamente bajo presión, mejorando así tu fortaleza mental.

Si quieres mejorar tu inteligencia emocional, comienza practicando el autocuidado. ¿Cómo hacerlo? Realiza ejercicio con regularidad, duerme las horas necesarias y lleva una alimentación saludable. Todo esto hará que te sientas mejor emocionalmente. Tómate descansos a lo largo del día para reflexionar sobre tus emociones. Puedes dedicar unos minutos a practicar la respiración profunda o dar un paseo a un ritmo elevado (esto significa caminar rápido en lugar de ir mirando las florecillas). Estos descansos te ayudarán a concentrarte y reducir el estrés. Además de todo esto, de vez en cuando dedica tiempo a pensar en cómo te sientes. Escucha tu cuerpo tratando de detectar dónde se manifiestan tus emociones físicamente, como la tensión en los hombros o un estómago revuelto.

Analiza cómo es tu comportamiento ante determinadas emociones. ¿Te irritas fácilmente con tu pareja cuando estás estresado? ¿Te apartas de la gente cuando te sientes deprimido? Detectar estos patrones te ayudará a entender que tus emociones influyen en tus acciones y a tomar medidas para modificar los comportamientos no deseados.

Otra forma de desarrollar inteligencia emocional es sabiendo cuestionar tus propias opiniones. No seas terco, ten la mente abierta a diferentes perspectivas y cuestiona tus propias ideas. Además de esto, debes asumir la responsabilidad de tus sentimientos y no culpar a nadie por cómo te sientes o te comportas. La culpa la tienes tú y solamente tú. Da igual lo que te hagan los demás. Tú eres quien decide cómo actuar al respecto. Aceptar que eres el único responsable de tus actos te permite ser consciente de ello, poder solucionarlo a tiempo y, por lo tanto, ser más productivo.

Las emociones buenas son como el café por la mañana: te llenan de energía y te hacen sentir imparable. Al menos eso dicen, yo no lo sé. No bebo café. Tomo algo mejor, que se llama «levántate, échale coraje a la vida, no seas vago y ponte a trabajar». ¡Y me funciona de maravilla! Es lo que utilicé en mis años en el ejército, cuando me pasaba casi un mes de maniobras en medio de la nada, sin dormir, sin comer, sin descansar, pateando día y noche. Y nunca me hizo falta el café. En fin, disfruta de tus emociones positivas, ya que aumentarán tu resiliencia y tu motivación. Pero no ignores las negativas, porque te servirán para identificar lo que te molesta y encontrar soluciones. En vez de huir de la ansiedad o el malestar, pregúntate qué los provoca. Así evitarás que te controlen.

Para finalizar, sobre todo te recomiendo que no abandones nunca el trabajo de mejorar tu inteligencia emocional. Analiza críticas, tanto positivas como constructivas, sobre tus hábitos, virtudes y desarrollo personal. Para esto es muy útil llevar un diario donde anotar tus experiencias y reflexiones emocionales. Revisa periódicamente tus notas para potenciar las áreas en las que estés progresando y corregir aquellas que requieran atención. Busca lo que te motiva y utilízalo como arma para perseverar contra cualquier problema. ¡Ataca el día con energía! Aunque para ello necesites un café.

MANEJO EFECTIVO DEL ESTRÉS

Para que puedas desarrollar aún más tu fortaleza mental y resiliencia, veamos ahora algunas estrategias efectivas para manejar el estrés y mantenerte enfocado en tus objetivos.

TÉCNICAS DE MANEJO DEL ESTRÉS

Cuando te sientas estresado, es momento de sacar tu arma secreta: la técnica de respiración profunda. Es tan simple como inhalar profundamente aire por la nariz, mantenerlo unos segundos y luego exhalar lentamente por la boca, como si estuvieras apagando una vela. Este sencillo truco te ayudará a reducir la tensión y relajar tu mente.

Otra técnica útil para tener bajo control el estrés, es la del *mindfulness* (atención plena). Consiste en estar 100 % presente en el momento, sin emitir juicio alguno. Practicarla es tan fácil como dedicar unos minutos a concentrarte en tu respiración, en tu entorno, o simplemente en cómo te sientes. Si tu mente empieza a divagar, no te preocupes, eso es normal. Solo intenta devolverla al momento presente. Este es un ejercicio muy poderoso que, con práctica, te ayuda a reducir el estrés.

La gestión del tiempo, como ya hemos visto en otro capítulo, es otra forma efectiva de mantener el estrés bajo control. Priorizas lo importante, divides los grandes proyectos en partes más pequeñas y manejables, y utilizas herramientas como calendarios o listas de tareas que te ayudan a organizar tu tiempo de forma efectiva. Al hacer todo esto, no solo evitas agobiarte, sino que también te vuelves más productivo. Cada tarea tachada es un peso menos en tus hombros y un paso más cerca de tus metas.

REESTRUCTURACIÓN COGNITIVA

Esta técnica consiste en cambiar tu forma de pensar sobre los factores estresantes. En lugar de ver los desafíos como obstáculos insuperables, tienes que verlos como oportunidades para aprender y crecer. Por ejemplo, en lugar de pensar: «Nunca terminaré esto», intenta reformularlo como: «Esta es una gran oportunidad para desarrollar mis habilidades». Cambia el chip, deja de ver obstáculos y empieza a ver trampolines para saltar más alto.

«Convierte tu muro en un peldaño» (Rainer María Rilke).

Los pensamientos negativos a menudo pueden ser como nubes grises que oscurecen tu día y te restan energía. Causan estrés y debilitan tu disciplina. Cuando te enfrentas a esos pensamientos y los sustituyes por otros que sean positivos y constructivos, es como abrir una ventana para que entre la luz. Cada vez que lo haces, aumentas tu resiliencia. Todos cometemos errores, no te castigues por ello. No es el fin del mundo. Recuerda que cada tropiezo es una oportunidad para aprender.

Una vez más, llevar un diario también puede ser una herramienta efectiva aquí. Puedes anotar tus pensamientos negativos y luego reformularlos con alternativas positivas. Este ejercicio hace que tu cerebro se acostumbre a pensar de forma más optimista y mantener la disciplina frente a la adversidad.

ESTRATEGIAS DE AFRONTAMIENTO SALUDABLES

Todo el mundo sabe que realizar ejercicio físico es uno de los métodos más efectivos y saludables para aliviar el estrés. Esto no es ningún secreto. Otra cosa muy distinta es que poca gente lo ponga en práctica. Actividades como correr, nadar o incluso dar un paseo a un ritmo elevado pueden mejorar tu estado de ánimo liberando endorfinas, que son unas sustancias químicas naturales del cerebro y que son más potentes que cualquier antidepresivo. El ejercicio físico, practicado regularmente, no solo mantiene tu cuerpo en forma, sino que también ayuda a fortalecer tu salud mental y tu resiliencia.

Y, como dijo el poeta romano Décimo Junio Juvenal, *mens sana in corpore sano* (una mente sana en un cuerpo sano). Ejercitar la mente, al igual que el cuerpo, también reduce el estrés, entre otros muchos beneficios. Actividades como dibujar, escribir o tocar un instrumento son mucho más que simples pasatiempos creativos; proporcionan alegría, relajación, una sensación de logro y equilibrio en la vida.

EQUILIBRIO ENTRE TRABAJO Y VIDA PERSONAL

Para mantener un equilibrio saludable entre tu trabajo y tu vida personal, necesitas establecer límites claros. Es tan sencillo como programar horarios específicos para comenzar y terminar tu jornada laboral, o incluso crear áreas libres de trabajo en tu hogar. Así, cuando cruces esas fronteras, podrás desconectarte, relajarte y disfrutar de tu tiempo libre, que para eso te lo has ganado. Recuerda que esto no solo te hace más feliz, sino también más productivo.

Tómate descansos durante tu jornada laboral para recargar energías. Emplea este tiempo para estirarte, pasear o hacer algo que te guste. Los descansos hacen que estés más concentrado y seas más productivo cuando vuelves a tus tareas, ya que lo haces fresco, menos saturado mentalmente. Haz un *break* de vez en cuando, ¡descansa, relájate y desconéctate!

Gasta todos tus días de vacaciones. No pienses cosas como «no puedo permitirme parar x días ahora». Sí que puedes, ¡es una orden! Tomarte unos días libres es esencial para tu salud mental. Te lo digo por experiencia, y no precisamente buena. He llegado a estar dos años sin vacaciones y la cosa acabó muy mal. Las vacaciones eliminan el estrés relacionado con el trabajo y te permiten recargar energías. Al regresar al trabajo, serás más productivo y estarás más motivado. Ya lo verás.

Dedica tiempo a tus aficiones, familiares y amigos. Las relaciones sociales necesarias para el bienestar emocional. Pasa tiempo de calidad con tus seres queridos, participa en actividades que disfrutes y asegúrate de priorizar estos aspectos de tu vida junto con tus responsabilidades profesionales.

CÓMO IMPLEMENTAR ESTAS ESTRATEGIAS

Para lograr implementar estas estrategias con éxito, te recomiendo crear un plan personalizado. Comienza decidiendo qué técnicas se adaptan mejor a ti. Puede que los ejercicios de respiración profunda te parezcan especialmente relajantes o que llevar un diario te ayude a reformular tus pensamientos negativos de manera más efectiva. Aquí lo importante es que elijas lo que mejor funcione para ti y te comprometas a que forme parte de tu rutina diaria.

Sé realista a la hora de incorporar estas estrategias. Empieza poco a poco. Por ejemplo, dedica solo cinco minutos al día para practicar la atención plena y ve aumentando ese tiempo a medida que te sientas más cómodo. Lo mismo con el ejercicio físico: empieza con entrenamientos cortos y fáciles, y poco a poco, a medida que te sientas más fuerte y motivado, aumenta la duración. Lo más importante es que seas constante y avances a tu propio ritmo. No tengas prisa, cada pequeño paso cuenta.

El verdadero secreto del éxito es ser constante, perseverar. De nada sirve que lo hagas unos días y luego te rindas. Date tiempo para ver resultados y ten paciencia. Tu vida puede transformarse si conviertes estas prácticas en un hábito diario en lugar de esfuerzos puntuales. Con el tiempo, estos hábitos te ayudarán a construir una fortaleza mental y una resiliencia que te acompañarán para siempre.

Recuerda: es un viaje, no un destino. Construir fortaleza mental requiere tiempo y persistencia. Celebra las pequeñas victorias en el camino y ten paciencia contigo mismo mientras trabajas hacia tus metas.

«La resiliencia es saber que eres el único que tiene el poder y la responsabilidad de levantarte a ti mismo»
(Mary Holloway).

CULTIVANDO UNA MENTALIDAD DE CRECIMIENTO

Para mantener la disciplina y construir fortaleza mental, debes tratar de tener una mentalidad de aprendizaje constante, viendo cada desafío como una oportunidad para crecer y mejorar. Esa es la mentalidad que te impulsa a no rendirte, a aprender de los fracasos y a mantener la cabeza bien alta a pesar de las dificultades. Dios les da las peores batallas a sus mejores guerreros. Con esta mentalidad, los obstáculos del camino no serán impedimento para transformarte en la mejor versión de ti mismo.

Por lo tanto, debes estar dispuesto a aceptar desafíos para aumentar tu fortaleza mental. No veas los obstáculos como barreras, sino como oportunidades para crecer y demostrar de lo que eres capaz. Por ejemplo, si como empresario te preocupa la competencia, en lugar de desanimarte tómatelo como un reto. Analiza las fortalezas de tus competidores y encuentra la forma de innovar para tomarles ventaja. La vida es como un videojuego en el que debes ir mejorando tus habilidades para superar los escollos y llegar al final con éxito. Pásate el juego, elimina al enemigo final. Sería aburrido si fuera fácil. Los retos son estimulantes. Cada desafío superado te proporciona nuevas habilidades, como en los videojuegos. Busca la manera de avanzar y sacar provecho de lo que te asusta. La clave está en transformar la frustración en motivación y seguir avanzando.

Aprender de los fracasos es una habilidad clave para desarrollar una mentalidad resiliente. Solemos ver el fracaso como algo negativo, cuando en realidad es un maestro en nuestro camino hacia el éxito. Es lógico fracasar, y el único que jamás lo ha hecho es aquel que nunca ha intentado nada. Cuando falles, reflexiona sobre lo que salió mal y cómo puedes mejorar. Este proceso de reflexión es fundamental para no repetir los mismos errores. Por ejemplo, Thomas Alva Edison fracasó más de 1000 veces antes de hacer funcionar correctamente la bombilla. Pero él dijo que no estaba fracasando, sino que «estaba 1000 veces más cerca de lograrlo». También dijo que ya sabía 1000 formas de no hacerlo. Su persistencia para aprender de cada fracaso es un claro ejemplo del poder de esta mentalidad.

Además, debes buscar retroalimentación para obtener información sobre en qué necesitas mejorar y qué estás haciendo bien. No te amargues si lo que escuchas no es lo que esperabas; eso no significa que seas un inútil, sino que te están dando valiosa información sobre cómo ser aún mejor. La retroalimentación ayuda a dirigir los esfuerzos en la dirección correcta. Por ejemplo, los atletas dependen de la retroacción de sus entrenadores para perfeccionar sus técnicas. Ten la mente abierta tanto a la retroalimentación positiva como a la negativa, y úsala de manera constructiva en lugar de tomártelo todo como algo personal. Cuando recibas un comentario aparentemente negativo, tanto si te lo han hecho con maldad como de forma constructiva, no te centres en que te han dicho que haces algo mal, céntrate en que te han facilitado una valiosa información con la cual ahora sabes dónde estás fallando y en lo que puedes mejorar. Y simplemente da gracias por ello.

Al buscar retroalimentación, hazlo con la intención de obtener información que te permita tomar acción. En lugar de preguntar: «¿Lo hice bien?», pregunta: «¿En qué puedo mejorar?». Este enfoque aportará información muy útil que podrás aplicar para mejorar tu desarrollo personal y profesional. No te limites solo al entorno laboral; pregunta también a tus amigos, mentores y familiares. Cada perspectiva cuenta y puede ser la clave para un gran cambio.

¡Trata de mantener una actitud positiva! No se puede desarrollar resiliencia yendo por ahí con una sonrisa falsa, sino eligiendo cómo te enfrentas a la vida. Ya sé que es difícil ser positivo cuando todo parece ir en tu contra. Una mentalidad positiva no significa ignorar las dificultades, sino enfrentarte a ellas sabiendo que se pueden superar. Los optimistas tienden a ser más exitosos porque ven los contratiempos como algo temporal y superable. Los triunfadores, en lugar de hundirse y lamentarse por los problemas, hacen algo al respecto, buscan y encuentran soluciones. Por ejemplo, durante las recesiones económicas, los empresarios optimistas pueden explorar nuevos modelos de negocio o mercados en lugar de tirarse por la ventana de su edificio.

Para mantener una actitud positiva, practica la gratitud reflexionando regularmente sobre las cosas por las que estás agradecido. Sé que esto puede parecer algo demasiado espiritual, pero funciona. Rodéate de influencias positivas y evade la negatividad excesiva. Evita pasar tiempo con esa típica persona que todo el tiempo se está quejando y que lo ve todo de color negro. A menudo, esas personas son de nuestra familia y es complicado tomar distancia, pero aléjate. Participa en actividades que te aporten bienestar mental, como la meditación, el ejercicio físico o aficiones que disfrutes. El pensamiento positivo debe entrenarse como cualquier otra habilidad, incorporándolo a la vida hasta que se convierta en algo natural.

Todos estos principios se alcanzan a través de un aprendizaje continuo. Adopta una mentalidad de crecimiento, de triunfador, mejorando constantemente tus conocimientos y habilidades, a través del esfuerzo y el aprendizaje, para mantener una mente ágil y fuerte. Por ejemplo, comprométete a tener una educación continua a través de cursos, talleres, mentores, libros y seminarios para seguir siendo competitivo en tu campo. Busca la excelencia. Huye de la mediocridad.

Establece metas específicas para mejorar tu aprendizaje continuo, ya sea leyendo un libro cada mes, inscribiéndote en un curso *online* o asistiendo a conferencias de tu sector. Este hábito refuerza tu compromiso con el aprendizaje de por vida y te permite seguir creciendo a lo largo del tiempo. Renovarse o morir.

CONCLUSIÓN

En este capítulo has aprendido los elementos esenciales para desarrollar la inteligencia emocional y cómo afectan la fortaleza mental y la resiliencia. Ahora sabes que reconocer y comprender tus emociones te ayuda a tomar mejores decisiones. También vimos la importancia de la autoconciencia y la autorregulación para desarrollar una mentalidad disciplinada y resiliente.

No solo has aprendido sobre inteligencia emocional, sino que también has aprendido estrategias prácticas para llevarla al siguiente nivel. Practicar el autocuidado y analizar tus comportamientos y emociones te permiten tomar las riendas de tu vida. Al asumir la responsabilidad de tus sentimientos y comprender su impacto en tus acciones, podrás realizar cambios positivos. Recuerda: la inteligencia emocional es un proceso de crecimiento y aprendizaje continuo que requiere esfuerzo y reflexión constante. Cada paso que das te fortalece y te prepara para enfrentar cualquier desafío de la vida con fuerza y determinación.

SUPERANDO DESAFÍOS Y OBSTÁCULOS DE LA AUTODISCIPLINA

Lograr mantener una firme autodisciplina no es nada fácil, eso ya lo sabías. Si fuera sencillo, cualquiera lo haría y no habría libros como este —e incluso mejores que este— explicando cómo hacerlo. De hecho, voy a confesarte algo, y es que realmente no necesitabas leer ningún libro para alcanzarla. Ya sabes lo que tienes que hacer y lo que no tienes que hacer. ¿Quieres dejar de fumar? No fumes. ¿Quieres hacer más ejercicio? ¡Empieza a hacerlo! ¿Tengo razón o no?

Pero es cierto que a menudo necesitamos que alguien nos diga las cosas, o que nos dé un enfoque diferente. A veces simplemente necesitamos recordarnos a nosotros mismos qué es lo que tenemos que hacer y preguntarnos por qué no lo estamos haciendo. Y leer un libro nos ayuda a eso. Yo mismo he leído libros pensando que no iban a enseñarme nada nuevo, pero, sin duda, he experimentado un cambio brutal después de hacerlo. No obstante, espero humildemente estar aportándote algo de valor. De todos modos, como ya habrás podido comprobar, este libro no trata solo de animarte a hacer lo que deberías estar haciendo. Este libro está repleto de útiles estrategias diseñadas para estar más dispuestos a hacer lo necesario (tener autodisciplina) y para no dejar de hacerlo (evitar la procrastinación).

Lo que quiero decir es que, por mucho que leas, por mucho que aprendas o por mucho que pienses, no lograrás nada si no haces «lo que haga falta el tiempo que haga falta». Y una de las cosas que debes hacer es no ser débil ante los diferentes obstáculos que se te presentarán en el camino. Así que voy a tratar de explicártelo todo un poco a mi manera, dándote algunos consejos o estrategias, pero, al final, lo único que hará que tengas éxito serán tus acciones, llevadas a cabo gracias a un firme control de tu mente.

Superar las barreras de la autodisciplina es algo a lo que la mayoría de nosotros nos enfrentamos, ya sea por distracciones, dilaciones o falta de fe en uno mismo. Estos factores son lo único que se interpone en tu camino para alcanzar tus metas personales y profesionales. La buena noticia es que estos obstáculos no son insuperables; con un poco de autoconciencia y planificación estratégica, se pueden detectar y solucionar de manera efectiva.

En este capítulo comprenderás cuáles son las barreras que te impiden tener autodisciplina y de qué forma puedes superarlas. Aprenderás a reconocer patrones, gestionar creencias limitantes y reflexionar sobre tus acciones para sostenerte en el camino correcto. Al establecer límites claros y combatir las distracciones, aprenderás a mantenerte enfocado y a gestionar los factores externos que afectan tu capacidad para permanecer disciplinado.

IDENTIFICANDO TUS BARRERAS PERSONALES

Para poder superar los obstáculos que te impiden tener autodisciplina, lo primero que debes hacer es identificarlos. Por lo tanto, tendrás que reconocer qué patrones y desencadenantes provocan tu falta de disciplina. Por ejemplo, ¿tiendes a postergar una tarea cuando te resulta abrumadora? ¿Te distraes con las redes sociales en momentos de estrés? Identificar este tipo de comportamientos es el primer paso para poder solucionar tu ausencia de disciplina.

Una vez hayas detectado estos patrones, debes averiguar qué creencias limitantes pueden estar frenando o impidiendo tu progreso. Tener un diálogo interno negativo, con creencias como: «No soy lo suficientemente bueno para esto» o «siempre fracaso cuando lo intento», generan barreras mentales que te harán actuar de forma errónea. Reenfoca ese tipo de pensamientos negativos hacia otros constructivos que te permitan alcanzar una mentalidad más positiva y disciplinada. Por ejemplo, «he fallado algunas veces, pero estoy aprendiendo de los errores y ahora estoy más cerca de lograr mis objetivos».

LA MALDITA PROCRASTINACIÓN

He aquí al villano de esta película. Es el enemigo de la autodisciplina. Autodisciplina es hacer lo que tienes que hacer, cuando lo tienes que hacer, de la forma en la que lo tienes que hacer, tengas ganas de hacerlo o no. En cambio, la procrastinación es no hacer nada. O, al menos, no hacer nada de lo que tendrías que hacer.

Cuando caes en este mal hábito, retrasas aquello que deberías estar haciendo, normalmente sustituyéndolo por alguna actividad más cómoda o placentera. Por ejemplo, en lugar de estudiar, te tumbas en el sofá a hacer *scroll* infinito en alguna estúpida red social.

Aunque no lo creas, hay gente que procrastina incluso a la hora de dejar una simple reseña de un libro. Y sé lo que estarás pensando: «¡Eso es imposible! No se puede ser tan vago y descortés como para no dejar una simple reseña de un libro. El autor ha dedicado muchas horas de trabajo a escribirlo con toda la dedicación posible. Dejar una reseña solo tarda unos segundos. Sería vergonzoso no hacerlo y, desde luego, nada disciplinado». Y entiendo que pienses así. ¡Yo opino igual que tú! ¿No es increíble? Hay quien está pensando en lograr grandes metas en la vida, y ni siquiera es capaz de dejar una simple reseña de un libro. A esa gente no le auguro un buen futuro, la verdad. ¡Suerte que tú no eres así! Tú te estás convirtiendo en un ser superautodisciplinado. Dejar una simple reseña no es nada para ti comparado con todo lo que vas a lograr. Puedes hacerlo ahora (y así no postergarlo) o esperar al final del libro. Tú decides qué es lo correcto.

POSIBLES MOTIVOS PARA PROCRASTINAR

Puede haber cientos de causas (la desidia siempre encuentra excusas), pero solo voy a mencionar las habituales:

- **Miedo al fracaso:** cuando se tiene miedo a fracasar, no se toma acción y no se hace lo que hay que hacer por miedo a fallar. A mí siempre me ha preocupado fracasar, como a todo el mundo, pero jamás he tenido miedo a ello. De ahí que me haya pegado tantas hostias en la vida. Pero ¡está bien! Es lo que hay que hacer, siempre y cuando se haga con inteligencia. Lo que digo es que, en este caso, no tengo mucho que contar desde mi experiencia, ya que nunca he tenido «miedo» al fracaso. ¡No temas al fracaso! El único fracaso asegurado es para aquel que no lo intenta. Y fracasar es aprender. Sé que es lo que se suele decir, pero yo he aprendido mucho de mis fracasos y he obtenido de ellos conocimientos y habilidades que me han resultado de gran valor en posteriores proyectos. Sin duda, no habría tenido éxito en algunas cosas si no hubiera fracasado antes en otras.
- **Buscar el momento perfecto:** a caminar se aprende caminando. Tendemos a buscar el momento perfecto para comenzar algo, pero te diré una cosa: el momento perfecto es ahora. Cuanto antes te equivoques, mejor. Cuanto antes obtengas experiencia, mejor. Cuanto antes sepas qué funciona y qué no funciona, mejor. No te lances a loco, pero tampoco esperes demasiado. El 32.º presidente de los Estados Unidos, Franklin D. Roosevelt, decía: «Siempre que te pregunten si puedes hacer un trabajo, contesta que sí y ponte enseguida a aprender cómo se hace». Ponte en acción y ve solucionando los pequeños

inconvenientes por el camino. Eso te dará experiencia. Puedes buscar el «momento perfecto» para empezar y aun así no lo será, porque no sabrás cómo enfrentarte a determinadas situaciones. Eso solo lo aprenderás con la experiencia. Por otro lado, y por comentarlo también en este punto, está la parálisis por análisis. Esto sucede cuando no nos ponemos en acción, cayendo en una especie de bloqueo mental, precisamente por un exceso de información y/u opciones. Le damos tantas vueltas al asunto, y queremos tenerlo todo tan controlado, que acabamos por no realizar ninguna acción. No nos ponemos en marcha. Es algo similar a lo que ocurre en la actualidad con las plataformas de TV en *streaming* (Netflix, HBO...). Estoy seguro de que a menudo te ha ocurrido lo mismo que a mí, que has estado un buen rato decidiendo qué película ver y al final no has visto ninguna. Cuando yo era niño existían solo dos canales de TV (al menos en España y en aquella época). Si quería ver televisión, ponía en marcha el televisor y veía lo que se retransmitiera en ese momento (películas, documentales, programas infantiles o lo que fuera). Intenta convencer tú ahora a mi hijo de nueve años de que vea un documental. El problema ahora es que hay una oferta abrumadora y acabas por no ver nada, no tomar ninguna decisión ni acción.

• **Objetivos poco o nada claros:** esto ya lo hemos explicado en otro capítulo. Por alguna razón, es más probable que postergues comenzar a correr si piensas «quiero empezar a correr», que si dices «voy a correr 30 minutos cada día». Cuanto más específicos y claros sean tus objetivos, más fácil será ponerte en marcha. La toma de decisiones será menor y visualizarás mejor qué es lo que quieres hacer. Séneca decía: «Si no sabes hacia qué puerto zarpa tu barco, ningún viento te será favorable». Para llegar a un destino, necesitas saber primero hacia dónde vas. Del mismo modo ocurre si lanzas unos dardos a una diana, primero debes saber a dónde quieres que vayan dirigidos esos dardos, a dónde debes apuntar. La falta de objetivos claros repercute en una falta de enfoque. Debes tener muy claro a dónde vas para iniciar el viaje y no salirte en ningún momento del camino.

• **Agobiarse al pensar en todo el camino, en lugar de concentrarse en cada paso a dar:** solo hay que ir paso a paso, y llegarás. No te abrumes pensando en todo el camino que debes recorrer, tan solo mantén la autodisciplina necesaria como para poder dar un paso, y otro, y otro más... Un paso a la vez. Unos estudios universitarios se pueden desgranar en años, cursos, semestres, asignaturas, temas, páginas de cada libro... Deja de pensar en todo lo que tienes que hacer, ¡y más aún si eso provoca que no lo hagas! ¿Te parece mucho trabajo o mucho tiempo? ¡Pues más vas a tardar en lograrlo si no te pones en marcha ya! Y te diré un secreto: el tiempo pasará de todas formas. Tú eliges si después de ese tiempo has logrado lo que querías o sigues igual, con el deseo de tenerlo y la frustración de no haber trabajado en ello antes.

TÉCNICAS PARA DEJAR DE PROCRASTINAR

• **Autoconciencia:** sí, ya lo sé. Otra vez la maldita «autoconciencia» y los autoanálisis del demonio. Créeme, yo odio todas esas cosas. Pero es necesario ser autoconsciente de los problemas para poder ponerles solución. No vas a tener que hacer nada demasiado espiritual, o quizás sí, si lo deseas. Yo no logro conectar con esos temas, pero quizás tú sí. Si es así, ¡adelante! Está perfecto. Pero si eres como yo, por lo menos debes poder detectar y reconocer cuándo procrastinas y por qué lo haces. Como se suele decir, hay que atacar el problema de raíz.

• **Establece plazos realistas:** que sean «realistas» no significa que sean poco exigentes. ¡No empecemos a flojear! Pero tampoco te vengas arriba. Fíjate unos plazos que sepas que podrás cumplir si haces todo lo que debes hacer, sin fallar. Deben ser plazos que te hagan sentir un poco presionado, para que no te confíes ni te acomodes, pero no imposibles. Con plazos poco realistas solo conseguirás desmotivarte y tener la tentación de abandonar al ver que se cumplen y no puedes lograr lo que te propusiste. Lo sé, te estoy motivando mucho, pero, como dijo Jack el Destripador, «vayamos por partes». Y a eso voy a continuación.

- **Divide tus metas en partes más pequeñas:** de esto ya te he hablado antes. Cada minimeta lograda te generará una reconfortante sensación de éxito. Cuando logramos algo, por pequeño que sea, nuestro cerebro segrega una serie de químicos que nos hacen estar más predispuestos al éxito. Con cada pequeña meta sentirás que estás más cerca de lograrlo y sentirás más deseos de seguir adelante, al mismo tiempo que irán desapareciendo las ganas de procrastinar o rendirte.

LAS ESTÚPIDAS DISTRACCIONES

Cada vez es más fácil distraerse. Cuando yo era niño, a alguien propenso a distraerse se le solía decir «¡te distraes hasta con una mosca!». Ahora es aún más complicado mantener la concentración en algo. El teléfono móvil está ahí, tentándote a utilizarlo, a hacer *scroll* sin límite para ver absurdos vídeos que no te enseñan nada de valor. Y si superas esa tentación, llegan las notificaciones. ¿Cómo resistirse a mirar quién te ha escrito por WhatsApp? ¿Y si es algo importante? ¿Y si está en peligro la humanidad y tú eres el único que puede salvarla? Vale, vale, entiendo que no hay que ser tan exagerado. Pero sí que es muy difícil no pensar «¿y si ha pasado algo grave?».

POSIBLES DISTRACCIONES

- **Dispositivos digitales y redes sociales:** esta es, seguramente, la distracción más complicada de evitar. Si tienes cierta adicción a revisar el correo electrónico, mensajes o, peor aún, redes sociales cada cinco minutos, te va a costar mucho evitar tan mal hábito. La tentación es aún mayor si tenemos el sonido activado. Oyes el sonido de una notificación y ¿qué haces? Piensas: «¿Será importante? ¿Habrá sucedido algo grave? ¿Me habrán dado un *like* en Instagram?». En unos momentos veremos cómo evitar caer en sus «redes», nunca mejor dicho.

• **Interrupciones por parte de compañeros de trabajo o familiares:** yo trabajo desde casa, desde mi ordenador. Obviamente, tengo un espacio para mí, para estar apartado y concentrado en mi trabajo. Pero trabajar en casa puede ser un nido de distracciones por culpa del resto de los que la habitan. Tu pareja te pregunta cosas a cada rato, los niños hacen ruido o también preguntan cosas, el gato rasca la puerta para que le abras... Si no trabajas desde casa, puede que tengas situaciones similares con tus compañeros de trabajo.

• **Desorden físico o digital:** esto significa tenerlo todo desordenado, atravesado y donde pueda distraerte. Un escritorio lleno de cosas, ya sea un escritorio físico o digital, puede resultar algo que cause bastante distracción. Es inevitable que se te vaya la vista hacia todo ese montón de mierda o que comiences a juguetear con algo. Para la mente es más sencillo concentrarse en lo que está haciendo si lo hace en un entorno limpio y ordenado

TÉCNICAS PARA NO DISTRAERTE

• **Crea un ambiente de trabajo adecuado:** mantén tu escritorio limpio y organizado. Solo debes tener a la vista todo aquello que sea esencial para tu trabajo. Eso incluye tu teléfono móvil. Apártalo de tu vista y evita así la tentación de utilizarlo. Si es posible, intenta que tu lugar de trabajo esté separado de tus áreas de ocio o descanso. La tentación de tumbarte en el sofá a descansar o de entretenerte con cualquier tontería que utilices para divertirte, será menor si tu mente no asocia el espacio de trabajo con esas otras actividades. Entiendo que esto no es viable para todo el mundo, pues para ello se requiere un lugar específico en el cual trabajar. Si en tu caso eso no es posible, elimina de tu vista todo lo que pueda distraerte. Incorpora elementos que te motiven, como fotos o frases inspiradoras, y escucha música suave o ponte tapones para los oídos si lo prefieres.

• **Elimina las distracciones digitales:** además de apartar tu teléfono móvil de la vista, ponlo en silencio, desactiva las notificaciones y haz todo lo posible para que no te distraiga. Si es un teléfono personal y crees que puede perturbar tu concentración el hecho de no saber si algún familiar podría necesitar hacerte una llamada urgente, puedes dejar activado el sonido para las llamadas. Las distracciones digitales arruinan nuestra capacidad de autodisciplina, y no solo a la hora de estar trabajando sentado frente a un escritorio. Debes poner limitaciones al uso de tecnología enfocada al ocio. Estar frente al televisor, horas y horas, viendo series en Netflix no es productivo, no es bueno y no es necesario. Limita tu tiempo de ver televisión. Si puedes dejar de verla, mejor. Pero si eso es un salto muy grande para ti, empieza por poco. Mira solo una serie, no doscientas. Mira solo una película a la semana, no una cada día... Ponte límites y cúmplelos. ¿Sabes por qué Lamborghini no hace anuncios publicitarios? Porque la gente de éxito no pierde el tiempo tirada en el sofá viendo televisión. En cuanto al teléfono móvil, lo mismo. Establece límites de tiempo, utilizando temporizadores, alarmas o aplicaciones específicas para ello. Estás perdiendo el tiempo, lo más valioso que hay en el mundo y algo que no se puede comprar con dinero, en hacer *scroll* horas y horas, consumiendo contenido absurdo. Utiliza aplicaciones de bloqueo y desconéctate regularmente. Trata de estar un día entero sin redes sociales. Si no eres capaz de hacerlo, es que tienes un serio problema. Si tu grave adicción no te permite desconectarte un día, comienza con unas horas y vas aumentando. Yo he llegado a desinstalar algunas aplicaciones, sobre todo de redes sociales, y reconozco que al principio parece como si te hubieran cortado un brazo. Pero lo bien que sienta cuando cortas por lo sano, no tiene precio. Te das cuenta de que no estabas viviendo en el mundo real. ¡Despierta! ¡Vive!

- **Establece límites y normas claras con los que te rodean:** Ya cuesta bastante tener el suficiente autocontrol para no distraerse, como para que además te entretengan los demás. Habla con tus amigos, familiares o compañeros sobre la importancia de tu trabajo y la necesidad de eliminar interrupciones. Indica claramente cuál es tu horario de trabajo o de estudio, y cuándo estás disponible para interactuar. Si es preciso, usa señales visuales, como un letrero de «No molestar», para indicar que no puedes ser molestado. Aclara cuándo y cómo pueden contactar contigo durante tus horas de trabajo o estudio, solo para emergencias. Explica a los que te rodean cuáles son los beneficios que obtienes al mantener un tiempo de trabajo sin interrupciones (mayor productividad, evitar errores...).

FALTA DE MOTIVACIÓN

Dedicaré el siguiente capítulo enteramente al tema de la motivación, pero es preciso comentar aquí la falta de ella como una de las barreras que impiden tener autodisciplina.

La autodisciplina es la herramienta que te hará tener éxito, por encima de todas las demás. Otra de ellas es la motivación. Sin embargo, la motivación es algo que fluctúa. Irá arriba y abajo, dependiendo de muchos factores. La falta de motivación no puede ser excusa para arruinar tu nivel de autodisciplina. No obstante, es verdad que con motivación lograrás hacer lo que haga falta con mayor facilidad. Siendo así, veamos algunos motivos que pueden hacer perder la motivación.

MOTIVOS PARA LA FALTA DE MOTIVACIÓN

- **Objetivos poco claros o realistas:** de esto ya hemos hablado antes. Del mismo modo que este tipo de objetivos pueden tentarte a procrastinar, también pueden echar por tierra tu motivación. Si no te lo crees ni tú, te aseguro que no lo vas a lograr. Y si no tienes claro ni lo que quieres, menos todavía. Debes tener propósitos realmente alcanzables. No es lo mismo proponerte correr una maratón, si nunca lo has hecho antes, que ganar la próxima maratón de tu ciudad. Puedes proponerte las dos cosas, y puedes intentar con todas tus fuerzas, disciplina y sacrificio cualquiera de ellas. Pero estoy seguro de que una la lograrás y la otra seguramente no. Este es un ejemplo un poco extremo, pero quiero que entiendas la idea. Fijarte una meta realista te mantendrá motivado, lo contrario producirá en ti una gran frustración. Lo mismo ocurre con la claridad de los objetivos. No es lo mismo marcarse como objetivo perder peso, que perder determinado peso en un tiempo establecido. Perseguir un objetivo conciso y cuantificable siempre es mucho más motivador. No es lo mismo correr hacia la meta, sabiendo que vas del punto A al punto B, sabiéndola cada vez más cercana, que correr a lo loco en medio del bosque esperando encontrarte con la meta en algún momento.

- **Falta de interés o pasión:** Sin un verdadero interés, sin una verdadera pasión, difícilmente lograrás tus objetivos, ya que no encontrarás la motivación necesaria para lograrlo. Llevo 25 años entrenando en gimnasios. Entreno desde el primer día porque me gusta, me apasiona desde siempre y esa pasión no ha hecho otra cosa que ir en aumento. Como mucha gente, empecé porque era un chico delgado y quería ponerme fuerte. Pero enseguida me atrajo todo lo que conllevaba eso, como sentirme bien estando en forma, sentirme aún mejor mentalmente, la disciplina, el trabajo duro, las sensaciones, los resultados por haber hecho las cosas bien... He disfrutado siempre de aprender mucho sobre ese mundo en cuanto a calidad de entrenamiento, técnica, estímulos, nutrición. ¡Me apasiona! Tuve un negocio de nutrición deportiva y, como es lógico, asesoraba a muchas personas. También lo hacía con pasión. Sin embargo, no te imaginas la cantidad de gente que demuestra entrenar única y exclusivamente por un tema estético. Querían verse más guapos y guapas para el verano, etc. Imagina sus progresos: inexistentes. Odian entrenar y para ellos resulta todo un sufrimiento. Agonizan cuando llega el momento de ir al gimnasio y se les hace interminable el rato que pasan allí. Puedes suponer la cantidad de motivación que tiene esa gente, por muy bien que quieran verse en la playa en verano. Sin embargo, gente como yo estamos deseando ir a entrenar y lo damos todo en cada entrenamiento. Más allá de querer estar guapo o no. Y no me malinterpretes. A todo el mundo le gusta tener un buen físico, pero para muchos de nosotros eso es algo secundario. Lo mismo ocurre con ciclistas, corredores, triatletas y otros deportistas. Disfrutan de lo que hacen. No puedo ni imaginarme el calvario que debe ser hacer algo así sin pasión. ¿Te imaginas entrenar para una competición de triatlón sin que eso te apasione? Quien realmente está interesado en lo que hace, quien tiene verdadera pasión por ello, encuentra motivación en cada pequeña cosa que le acerque a sus objetivos.

• **Agotamiento o estar más quemado que la moto de un *hippy*:** o lo que es lo mismo, estar *burnout*. Reconozco que este es uno de mis mayores defectos. Y es que hago todo con tan extrema pasión, dedicándole todas mis espartanas fuerzas, cada gota de sudor, cada aliento, cada pensamiento, día y noche…, que acabo quemándome. ¡Que no te ocurra esto! Echa el freno y no te satures. Se trata de dar el máximo, no de caer enfermo. Pero que esto no sirva de excusa para tirarse en el sofá a ver Netflix cada vez que te sientas un poquito cansado. Vuelvo a poner un ejemplo del mundo del gimnasio (lo siento, pero es algo de lo que sé bastante y los ejemplos me vienen solos). Para que un músculo crezca necesita el estímulo necesario, entre otras cosas. Eso se hace llegando al «fallo muscular» en los ejercicios, lo cual ocurre cuando el músculo no es capaz de levantar el peso ni una sola repetición más. Se necesita ese estímulo para progresar. Sin embargo, entrenar demasiado más allá del fallo muscular puede ser contraproducente, pues se daña el sistema nervioso central y demás. Pero hay que llegar a ese fallo. El problema es que antes de alcanzar el fallo muscular se llega a un fallo mental. Debido a la intensidad del ejercicio, se produce ácido láctico en el músculo, y eso duele, cansa y nos hace creer que hemos llegado al fallo muscular. Si te detienes ahí, lo único que ocurre realmente en ese preciso momento es que no tienes lo que hay que tener (autodisciplina) para ir más allá y lograr el verdadero fallo muscular.

TÉCNICAS PARA MEJORAR LA MOTIVACIÓN

Como ya te he comentado antes, el próximo capítulo trata enteramente sobre la motivación. Ahí te mostraré sus diferentes tipos y cómo sacarles provecho. También te explicaré una serie de técnicas y consejos para obtener, aumentar y mantener tu motivación y lograr así desarrollar una firme autodisciplina.

CONCLUSIÓN

En este capítulo hemos visto algunas de las barreras más comunes para mantener la autodisciplina y las estrategias para superarlas. Has aprendido a identificar patrones y desencadenantes personales, eliminar creencias limitantes, evitar distracciones y solucionar la falta de motivación para mejorar tu disciplina.

Para concluir, recuerda que mantener la disciplina es un viaje continuo que requiere paciencia y perseverancia. Al incorporar estas estrategias en tu rutina diaria, estarás mejor preparado para evitar las distracciones y la procrastinación, allanando el camino para tu crecimiento personal y profesional.

MOTIVACIÓN: EL COMBUSTIBLE PARA LA AUTODISCIPLINA

La motivación es el motor que mueve la autodisciplina, y entenderla puede marcar la diferencia entre lograr tus objetivos o no. A menudo luchamos por mantener la disciplina, no por falta de fuerza de voluntad, sino porque perdemos motivación con el tiempo (aunque hay gente que la pierde a los dos días de haber empezado). Al conocer sus diferentes tipos y aprender a aprovecharlos, te resultará más fácil mantener el enfoque y el compromiso, incluso cuando las cosas se pongan difíciles.

Ahora veremos el importante papel que juegan tanto la motivación intrínseca como la extrínseca en el mantenimiento de la autodisciplina. Aprenderás las características únicas de cada tipo y cómo equilibrarlas para obtener los mejores resultados. Además, te enseñaré estrategias prácticas para aumentarlas, asegurándote de tener el combustible necesario para alcanzar tus metas personales y profesionales. Después de esto, ya no podrás fallar en mantenerte motivado y disciplinado en tu camino hacia el éxito.

MOTIVACIÓN INTRÍNSECA VS. EXTRÍNSECA

Vamos a aprender ahora la diferencia entre la motivación intrínseca y la extrínseca, y cómo influyen en el mantenimiento de la autodisciplina y en la consecución de metas.

MOTIVACIÓN INTRÍNSECA

La motivación intrínseca es la que nos sale de dentro. Es la que actúa cuando hacemos algo porque intrínsecamente nos sentimos bien haciéndolo y porque lo que hacemos está alineado con nuestros intereses y valores personales. Piensa en alguna afición de la cual disfrutas sin necesidad de recibir ninguna recompensa externa. Tal vez te encanta pintar, y no lo haces para vender obras de arte, sino simplemente porque te relaja y te apasiona. Este tipo de motivación alimenta la disciplina y la perseverancia a largo plazo porque está impulsada por la realización personal y no por factores externos.

Es el caso de los maratonistas que entrenan con perseverancia, no necesariamente para ganar premios, sino por el sentido de logro y crecimiento personal. Su motivación viene desde dentro: cada kilómetro recorrido les ayuda a sentirse autorrealizados y a elevar su autoestima. Y yo esto lo sé porque fui corredor de maratones, solo por afición. Nunca fui un campeón y nunca estuve federado. Pero competí muchas veces. Mi «motivación» era otra. Venía de estar roto, física y psicológicamente. Empecé corriendo algunos kilómetros, pero la sensación de poder hacer más, de saber que era capaz de ello, hacía que quisiera lograr llegar cada vez más lejos. Nunca fui el mejor, pero fui mucho mejor. Cuando estás motivado intrínsecamente, el esfuerzo en sí mismo se convierte en una recompensa, lo que hace mucho más fácil mantener el compromiso con las metas a largo plazo.

Enfócate en identificar valores personales y alinearlos con tus metas. Comprender lo que en realidad te importa, por lo que de verdad eres capaz de luchar, creará una base sólida que permita mantener la motivación a lo largo del tiempo. Pregúntate: ¿cuáles son mis valores fundamentales? ¿Es la familia, la creatividad, la salud, la integridad? Una vez que los hayas identificado, trata de alinear tus metas con ellos.

Por ejemplo, si la salud es un valor fundamental para ti, establece una meta que consista en hacer ejercicio cada día. Si ser más creativo es algo importante para ti, pon en marcha algún proyecto que estimule tu inventiva o aprende una nueva habilidad relacionada con tu pasión. Alinear las metas con los valores personales asegura que tu motivación permanezca fuerte, incluso cuando surjan desafíos. Se trata de crear una conexión entre lo que te importa profundamente y aquello por lo que estás luchando.

Otra potente forma de motivación para mejorar la autodisciplina es tener un propósito. Ese propósito te da una razón poderosa para seguir adelante, para levantarte cuando caes y para mantenerte enfocado, sin importar los obstáculos. Cuando tienes un propósito claro, este actúa como una luz que te guía, ayudándote a navegar a través de tiempos difíciles. Tómate un tiempo para reflexionar sobre cómo tus metas contribuyen a un propósito más grande. ¿Ese ascenso te ayudará a darles a tus seres queridos la vida que sueñan? ¿Emprender ese negocio aportará valor a la sociedad? ¿Dejar los malos vicios y empezar a hacer ejercicio hará posible que vivas más y mejores años para tus hijos? Encuentra un propósito tan fuerte que haga que nada se interponga entre tú y aquello que te propongas lograr.

MOTIVACIÓN EXTRÍNSECA

Este tipo de motivación proviene de recompensas o reconocimientos externos, como pueden ser las bonificaciones en el trabajo, elogios de otras personas o reconocimiento público. ¡Quién no se siente bien cuando recibe un aplauso o una recompensa! Pero ojo, no podemos depender únicamente de este tipo de motivadores. Aunque son potentes y nos aportan una gratificación inmediata, su efecto puede desaparecer si estos disminuyen o desaparecen. Lo mejor es combinarlos con motivación intrínseca, esa chispa que nos mueve desde dentro, para que nuestro esfuerzo y pasión se mantengan firmes, independientemente de lo que ocurra de forma externa.

Recibir algún premio externo nunca será motivación suficiente como para ser sostenida en el tiempo si no es algo que forme parte de tu pasión o que esté alineado con tus valores. Mantener el nivel de dedicación, por el mero hecho de recibir esa recompensa, puede ser desalentador a largo plazo.

Por eso, te recomiendo que utilices las recompensas externas como impulsores a corto plazo, no como los únicos motores de tus acciones. Un pequeño premio por tus esfuerzos puede darte un empujón extra, pero asegúrate de que tu motivación principal provenga de algo más personal. De poco te serviría un ascenso en tu trabajo (recompensa extrínseca) si no estás a gusto con lo que haces y preferirías dedicarte a otra cosa.

BUSCA EL EQUILIBRIO

Para mantener la disciplina a largo plazo, debes encontrar un equilibrio entre lo que te motiva desde adentro y las recompensas externas. Primero, dedica un momento a reflexionar sobre lo que realmente te mueve. ¿Cuáles son tus pasiones o intereses? Identifica tus valores para que tus metas estén alineadas con ellos y busca un sentido de propósito que haga que estas tengan un significado en tu vida. Cuando tus objetivos vayan en consonancia con lo que verdaderamente te importa, te sentirás más motivado para superar cualquier desafío.

Aprovecha al máximo las motivaciones extrínsecas. Úsalas como fuentes de energía para evitar el agotamiento, pero sin olvidar que la auténtica motivación te tiene que salir de dentro. Deja que las recompensas externas te den impulso, pero que sea tu auténtica pasión la que te guíe y te dé fuerzas para seguir.

Saber encontrar la armonía entre motivación intrínseca y extrínseca te permitirá aprovechar los dos tipos de manera efectiva, mejorando tu autodisciplina y ayudándote a alcanzar tus metas personales y profesionales.

«Se puede motivar con el miedo, se puede motivar con la recompensa. Pero esos dos métodos son solo temporales. La única cosa duradera es la automotivación»
(Homer Rice).

TÉCNICAS PARA AUMENTAR LA MOTIVACIÓN

Mantener la motivación en tu camino hacia el éxito es más fácil de lo que crees. Como te prometí en el capítulo anterior, aquí tienes algunas técnicas y estrategias prácticas para mantenerte motivado mientras persigues tus sueños.

ESTABLECE METAS CLARAS Y ESPECÍFICAS

Ya vimos en otro capítulo que establecer metas claras y detalladas ayuda, entre otras cosas, a mantener la motivación. Resulta más estimulante apuntar a objetivos concretos que a otros más imprecisos.

Por ejemplo, no digas «quiero estar en forma», sino «voy a salir a correr 30 minutos al día». De esta forma, no solo aumentará tu motivación por saber exactamente a dónde vas, sino también por el hecho de poder medir tus progresos, con la sensación de logro diario que ello conlleva. Además, dividir las metas principales en pequeñas metas evitará que te sientas abrumado por la carga de trabajo total, lo que también ayudará a mantenerte motivado a medida que te acercas a tu meta final.

REEVALÚA Y REAJUSTA TUS OBJETIVOS

Ya ha quedado claro anteriormente. Debes reajustar y reevaluar tus objetivos a fin de que sean claros, realistas y alcanzables. A estas alturas ya deberías tenerlos escritos en un papel. Si no es así, aún estás a tiempo de hacerlo. Revisa tu propósito, o propósitos, y analiza con detenimiento si son suficientemente precisos, posibles de lograr y cuantificables. De lo contrario, haz que lo sean. No hace falta que los abandones ni los des por perdidos, simplemente reajústalos. Si habías planeado ganar más dinero, mejor especifica cuánto y en cuánto tiempo. Si habías pensado ganar 1 000 000 € al año, y ahora ganas 12 000 €, reajusta y pon una cifra más realista. Ya tendrás tiempo de ir aumentándola a medida que vayas alcanzando tus objetivos. Poco a poco, paso a paso. Pero recuerda que debes salir de tu zona de confort. El logro de tus objetivos debe suponer un reto, un estímulo. No hagas lo contrario, estableciendo objetivos demasiado simples y sencillos. En ese caso serían fáciles de lograr, pero no tendrías la misma motivación durante el proceso, ni la misma satisfacción de logro una vez alcanzado el éxito en lo que sea que te hayas propuesto. Esa sensación de satisfacción, de haber triunfado, es la que incita a nuestro cerebro a lograr más cosas, a tener más éxito. A mayor esfuerzo, mayor satisfacción y, como consecuencia, mayor motivación a la hora de ponerte en acción con un nuevo objetivo. Mayor autodisciplina.

RECUERDA CADA DÍA EL MOTIVO DETRÁS DE TUS OBJETIVOS

¿Por qué o por quién lo haces? Si ya te has puesto en marcha y tienes deseos de rendirte, recuerda por qué empezaste. No hay mayor motivación que lo que literalmente te motiva a hacer algo. Muchas veces buscamos motivación sin pararnos a pensar en el significado de esa palabra. Y es que la motivación viene del motivo, la causa, el porqué, el para qué o por quién. ¿Quieres ganar más dinero? ¿Para qué? ¿Cuál es el motivo exacto? Quizás quieres vivir sin deudas y darle una mejor vida a tu familia. Pues ese es tu motivo, tu porqué, tu motivación. ¿Quieres perder peso? ¿Para qué? ¿Cuál es el motivo exacto? Quizás quieres verte mejor, gozar de mejor salud, aumentar tu seguridad y tu autoestima… Pues ese es tu motivo, tu porqué, tu motivación. A menudo, cuando estamos en pleno viaje hacia el logro de un objetivo, comenzamos a dudar, nos sentimos agotados, se nos vuelve todo cuesta arriba y eso hace que nos olvidemos del motivo, de la motivación. Estamos más concentrados en los pequeños obstáculos, en lo lejos que vemos la meta y en el esfuerzo diario que en el motivo por el cual estamos haciendo todo esto. El caso es que solemos ceder ante los malos pensamientos y eso nos hace estar desmotivados, incluso hasta el punto de abandonar. Realmente, todo el tema mental necesario para alcanzar un adecuado nivel de autodisciplina es muy simple. Cada uno sabe bien lo que debe y lo que no debe hacer, pero lo difícil es hacer lo que se debe hacer y evitar lo que no debes hacer. La lucha contra nuestra mente es lo único que se interpone entre nuestros sueños y nosotros mismos. No olvides nunca tu motivo, tu porqué. Escríbelo en un papel y llévalo contigo. Guárdalo en tu cartera. Anota alguna frase o mensaje que te lo recuerde y colócalo donde lo tengas a la vista, como en tu oficina. Haz lo mismo con imágenes que te hagan pensar en tus metas. Ponlas de salvapantallas en tu teléfono móvil o de fondo de escritorio en tu ordenador. Cuélgalas en las paredes, haz lo que sea, pero procura estar enviando a tu mente señales, recuerdos constantes de tu motivo, tu motivación, tu porqué.

VISUALIZA

Crea un tablero de visión o utiliza técnicas de visualización para reforzar tu motivación. Pon de fondo de pantalla del móvil, o de tu ordenador, alguna imagen que te recuerde tu meta. Puede ser la casa de tus sueños, el lugar al que quieres viajar o el coche que deseas. Guarda imágenes relacionadas y citas en tarjetas en tu cartera. Revísalas cuando te tomes un café o cuando estés en la sala de espera del dentista. Al tener una representación visual de tus objetivos, como imágenes o citas, tendrás tus objetivos siempre en mente.

Practica la visualización positiva, que consiste en imaginar el logro de tus objetivos y las sensaciones asociadas a esos logros. Esto te servirá para aumentar tu motivación y la claridad en tus objetivos. Es muy sencillo, tan solo debes imaginarte a ti mismo logrando una meta concreta con el mayor detalle posible, incluyendo cómo te sientes al haberlo logrado. Dedica algo de tiempo todos los días a visualizar el logro de tus objetivos. Si es posible, elige un ambiente tranquilo, silencioso y sin distracciones.

CONVÉNCETE A TI MISMO, CRÉETELO

Practicar el diálogo interno positivo es una poderosa forma de automotivarte. Reemplaza los pensamientos negativos con afirmaciones de tus capacidades y fortalezas. Por ejemplo, en lugar de decir «soy terrible en esto», di «estoy progresando cada día». Estas afirmaciones positivas te ayudarán a contrarrestar los pensamientos negativos y aumentarán la confianza en ti mismo. Pueden ser del tipo «soy capaz de manejar cualquier desafío que se me presente» o «estoy comprometido con mis metas y las alcanzaré sea como sea». O más específicas como «voy a ganar x dinero al mes» o «voy a perder x kg de peso este año». Debes repetir estos ejercicios a diario, de ser posible en voz alta y frente a un espejo, y varias veces al día. Entiendo que haya gente que pueda sentirse ridícula haciendo esto. Yo soy uno de ellos, no te preocupes. Pero si quieres que estos ejercicios tengan efecto, debes pronunciar tus frases de autoafirmación con convicción y ganas. No basta con repetirlas como un loro. Interiorízalas visualizando lo que indica cada una de ellas.

TOMA DESCANSOS Y NO TE QUEMES

Recuerda, ve más allá del fallo mental y busca el «fallo muscular». Es decir, no te rindas ante cualquier contratiempo, aunque estés agotado. Pero tampoco te quemes, toma descansos, respira, coge aire y ¡sigue! No te pases de motivación. Ver una cantidad excesiva de videos motivadores puede volverte un poco loco, un poco obsesivo. Créeme, sé lo contraproducente que puede resultar ese exceso de motivación. Todo es mejor en su justa medida. Da el 100 %, pero no más, escucha tu cuerpo y tu mente. Y cuando digan «basta», es basta. De lo contrario solo lograrás quemarte, perder la motivación y abandonar la lucha por tus sueños. Después de cada descanso, regresarás con más fuerza a la batalla. Tendrás más energía y motivación para seguir con cada uno de los pasos que te llevarán al éxito.

HAZ EJERCICIO

Esto ya debería ser evidente. Mal vamos si queremos tener autodisciplina y ni siquiera hemos comenzado por hacer algo de ejercicio. No te preocupes, aún estás a tiempo. El ejercicio tiene numerosos beneficios, pero entre otras cosas eleva la energía y mejorar la claridad mental, que son dos factores esenciales para mantener la motivación. Hacer ejercicio con regularidad no significa necesariamente pasar horas en el gimnasio. Aunque eso te haría más bien que mal. Hacer algo, como tomar pausas en el trabajo para hacer un poco de actividad física, puede refrescar tu mente y cuerpo. Imagina que es como un botón de *reset*; un breve paseo, algunos estiramientos o incluso una rápida sesión de baile pueden mejorar notablemente tu estado de ánimo y productividad. Además, hacer ejercicio es una forma estupenda de eliminar el estrés, que es un enemigo de la motivación. La actividad física actúa como un alivio natural del estrés, aumentando las endorfinas y dándote ese impulso de bienestar para trabajar firmemente en tus metas.

No se pueden contar las veces que, teniendo un bloqueo mental o estando quemado y sin poder avanzar en mis proyectos, he salido a correr y he vuelto totalmente fresco, con ideas nuevas y con muchísima motivación. De hecho, mis mejores ideas siempre me han llegado justo en momentos de actividad física. Ahí es donde siempre encuentro la motivación, las soluciones a los problemas aparentemente irresolubles e ideas para mejorar en el ámbito profesional y personal.

BUSCA INSPIRACIÓN

Aprende de personas que ya han llegado donde tú quieres llegar. Lee biografías, mira entrevistas o acude a seminarios de esas personas de tu sector que ya han recorrido el camino que tú estás recorriendo ahora. Ya sean deportistas, artistas, científicos o lo que sea. Estudia sus hábitos y rutinas, y trata de imitar algunas de sus estrategias en tu vida. Rodearte de personas con ideas afines que compartan objetivos similares también puede crear un ambiente de apoyo donde florezca la motivación mutua. Participa en comunidades o foros donde puedas compartir experiencias, desafíos y victorias. El *feedback* en este tipo de comunidades es una potente herramienta para crecer, avanzar, corregir errores, ayudar a otras personas y, sobre todo, para aumentar tu motivación. Esta red de apoyo puede ser increíblemente motivadora, sabiendo que otros te están animando y compartiendo tu mismo viaje.

ESTABLECE RECOMPENSAS Y CASTIGOS

Las recompensas o premios por el esfuerzo y los logros son una gran herramienta motivadora para perseguir tus metas. Los castigos pueden ser igual de efectivos. No te asustes, no se trata de atarte a un palo para que te den latigazos. La palabra «castigo» puede parecer un poco dura en la sociedad en la que vivimos, pero en este caso se trata simplemente de establecer consecuencias para tus malas acciones, como procrastinar. Está claro que los castigos funcionan, en cierta medida, pues a nadie le gusta quedar privado de nada. La posibilidad de ir a la cárcel es un buen motivador para no robar, ¿verdad que sí?

RECOMPENSA EL PROGRESO Y LOS LOGROS

Una de las formas más efectivas de mantener el esfuerzo constante es a través del refuerzo positivo. Recompensarte por avanzar, sin importar lo poco que sea, te mantendrá motivado. Por ejemplo, si estás trabajando en un proyecto a largo plazo y lo has dividido en tareas más pequeñas, como ya has aprendido antes, date una pequeña recompensa cada vez que completes una. No hace falta que te compres un viaje a las Bahamas cada vez que eso ocurra. Basta solo con algo sencillo, como tomarte un descanso o disfrutar de tu *snack* favorito (¡a no ser que tu meta sea perder peso!). La idea es recompensar tu duro trabajo y celebrar tu progreso.

Evita recompensas vacías que no contribuyan a tu felicidad o bienestar general. En vez de eso, elige recompensas que hagan sinergia con tus objetivos. Si te has propuesto adoptar un estilo de vida más saludable, recompénsate con una nueva prenda de ropa deportiva cuando alcances un hito, en lugar de comerte ese *snack* favorito alto en grasas y azúcares. Este tipo de recompensas aumentan tu nivel de motivación para seguir persiguiendo tus metas. En el caso del ejemplo, seguro que estarás deseando estrenar la ropa en tu próxima sesión de entrenamiento, lo que te motivará a seguir haciendo ejercicio y evitará que procrastines.

Para poder recompensarte, debes ser consciente de tus logros. En el mundo del culturismo y los gimnasios existe un trastorno mental llamado vigorexia. Posiblemente hayas oído hablar de ello. La persona que lo padece se ve delgada y débil a pesar de estar fuerte y musculada. En mi opinión, dejando de lado la obsesión de la persona que lo padece por estar cada vez más grande, también tiene gran parte de culpa el hecho de verse cada día uno mismo al espejo. A menudo, los cambios pueden ser imperceptibles si estás presenciando todo el proceso. Me explicaré mejor. Si tienes hijos, seguramente te has visto en la situación de encontrarte con alguien que hacía tiempo que no veías. Seguro que esa persona, al ver a tu hijo, ha dicho asombrada: «¡Madre mía!, ¡cómo ha crecido!». Tú ya sabes que ha crecido, pero al verlo cada día y estar presente en el proceso, no percibes del mismo modo ese gran cambio. Algo parecido me pasó hace poco al visitar a mi familia del pueblo. Hacía cinco años que no veía a mis tíos. Al verlos, no podía parar de pensar lo mucho que habían envejecido de golpe. Mis padres, a los que veo habitualmente, han debido envejecer al mismo ritmo; sin embargo, no me asombro al verlos, casi como si no apreciara el paso del tiempo en ellos (refiriéndome al mismo espacio de tiempo de cinco años). Con todo esto, lo que quiero decir es que puede que a veces no aprecies los cambios y no seas consciente del progreso. Esto sucede por el mismo motivo, por ser parte de él, y en muchas ocasiones debido a la impaciencia por alcanzar tus metas. ¿Ves ahora la importancia de tener metas medibles y de realizar un seguimiento del progreso? Cuando te sientas estancado, revisa tus avances para motivarte a seguir adelante y para poder recompensarte por el buen trabajo. La persona con vigorexia puede pesarse o medir el diámetro de su brazo; el padre puede medir la altura de su hijo. Solo siendo consciente de tus avances estarás satisfecho a la hora de recompensarte por tus pequeños logros.

Reconocer los esfuerzos tanto como los resultados anima a seguir creciendo. No siempre se trata del resultado final; a veces, el esfuerzo en sí merece reconocimiento. Si te estás esforzando sin excusas para lograr una meta, incluso si aún no la has alcanzado, recompensa ese esfuerzo. Esto ayudará a aumentar tu resiliencia, haciéndote menos propenso a rendirte cuando las cosas se ponen difíciles.

CASTIGA LA INACCIÓN, LA PROCRASTINACIÓN Y LA FALTA DE DISCIPLINA

Así como las recompensas pueden motivarte a ponerte en acción, los castigos o consecuencias por la inacción pueden disuadirte de caer en la procrastinación.

Nadie te va a vigilar en tu camino hacia el éxito (o eso creo). No habrá un policía ni un profesor de clase para ver si has hecho las cosas bien o vigilar que no hagas nada mal, así que deberás ser autorresponsable a la hora de ponerte tus propios castigos. Al principio puede parecer duro, pero saber que hay que pagar las consecuencias por no cumplir puede ser una buena razón para mantenerte disciplinado. Por ejemplo, si no cumples un plazo autoimpuesto, podrías limitar tu tiempo de pantallas (TV, teléfono móvil..., ya sabes) o privarte de alguna actividad de ocio con la que disfrutes.

Aprende de los fracasos para mantener la disciplina. En lugar de amargarte por un objetivo no alcanzado o una tarea no cumplida, analiza qué salió mal y piensa cómo puedes evitar que vuelva a ocurrir. Entiende que estos contratiempos son oportunidades de aprendizaje, en vez de andar quejándote por ellos. Adaptar tus acciones basándote en experiencias pasadas te ayudará a perfeccionar tu estrategia y a fortalecer tu autodisciplina.

CONCLUSIÓN

En este capítulo hemos visto lo importante que es la motivación para mantener la autodisciplina activa. Ahora que comprendes la diferencia entre la motivación intrínseca y extrínseca, puedes buscar objetivos que estén alineados con tus pasiones y valores. Recuerda usar las recompensas externas como un empujón extra de motivación. Ya sea para hacer el camino más agradable o para recibir pequeñas recompensas que te mantengan en él, recuerda integrar ambos tipos de motivación para mantenerte comprometido con tu viaje, incluso cuando todo se complique.

También te he mostrado en este capítulo estrategias prácticas para aumentar y mantener la motivación: establecer objetivos claros, practicar el diálogo interno positivo, realizar ejercicio físico regularmente, recordar tu motivo real y encontrar inspiración en modelos a seguir. Estas técnicas están pensadas para mantener altos tus niveles de motivación. Con ellas, crearás un camino indestructible hacia el logro de tus metas personales y profesionales. Y todo esto mientras mantienes tu autodisciplina.

AUTODISCIPLINA EN LA VIDA DIARIA

Aplicar la autodisciplina en tu vida diaria puede transformar la manera en la que vives, trabajas e interactúas con el mundo que te rodea. Se trata de tomar decisiones correctas de forma consciente y mantenerlas incluso cuando es difícil hacerlo. Las pequeñas elecciones, como optar por una manzana en lugar de una galleta o decidir salir a correr en vez de estar tirado en el sofá viendo la televisión, van aportando sus pequeños granitos de arena para generar increíbles cambios con el tiempo. Cuando somos autodisciplinados en algo, básicamente estamos entrenando nuestras mentes y cuerpos para mantenernos comprometidos con nuestros objetivos, lo que da como resultado una vida más satisfactoria y productiva, una vida mejor, la vida que deseas. La vida que todo el mundo desea pero que pocos tienen el coraje de conseguir. Una vida destinada a aquellos que se la merecen, a los que se la han ganado, a los luchadores, a los triunfadores. Una vida no apta para los mediocres, que anhelan tenerla, siempre quejándose, pero que nada hacen para lograr alcanzarla.

En este capítulo profundizaremos en varios aspectos de la autodisciplina en nuestra vida diaria. Comprenderás que mantener disciplinas de salud y estado físico no solo sirve para mejorar tu bienestar físico, sino que también fortalece tu mente. Aprenderás lo importante que es tomar decisiones alimenticias conscientes y practicar actividades que reduzcan el estrés, como el yoga o la meditación. Además, tocaremos el tema de la disciplina financiera, con estrategias para presupuestar, ahorrar y gestionar deudas de manera efectiva. Por último, abordaremos la disciplina profesional, haciendo hincapié en la gestión del tiempo, el aprendizaje continuo y la comunicación efectiva en el lugar de trabajo. Al final de este capítulo, sabrás cómo integrar la autodisciplina en cada área de tu vida diaria, estando así preparado para una mejora global y un éxito a largo plazo.

DISCIPLINA EN LA SALUD Y *FITNESS*

Tengo una mala noticia para vagos y viciosos: necesitas ser disciplinado en las áreas de salud y *fitness* para desarrollar una autodisciplina y bienestar general. No hay mejor forma de volverse autodisciplinado que comenzando a incorporar rutinas de ejercicios y hábitos alimenticios saludables. Una vez comienzan por ahí, las personas son capaces de desarrollar una base sólida para lograr esta cualidad, que después se extiende al resto de las áreas de su vida diaria. No se puede ser autodisciplinado a medias. O tienes autodisciplina o no. Y esto es para todo. De lo contrario, las áreas en las que falles serían como la manzana podrida que pudre a las demás. Si no tienes claro esto, o no estás de acuerdo, siento decirte a estas alturas que esa es precisamente la mentalidad que está impidiendo que seas capaz de desarrollar autodisciplina, y es la mentalidad que también te va a impedir que la desarrolles ahora, por muchos libros que leas. Y no se trata de ganar una medalla olímpica, ni de volverse un maldito *realfooder*. Pero si no eres capaz de estar en forma, comer bien y cuidar tu salud, no concibo cómo vas a ser capaz de tener autodisciplina en nada. Si estamos de acuerdo, sigamos.

En fin, establecer un horario fijo para hacer ejercicio es una de las formas más efectivas de mejorar la autodisciplina y la salud física. Comprometerse a una hora determinada para la actividad física cada día o cada semana, sin excusas, sin quejas y sin llorar, ayuda a volverse constante y crear una rutina, un hábito. Por ejemplo, puedes decidir ir al gimnasio por la mañana todos los lunes, miércoles y viernes y salir a correr todos los martes y jueves por la noche. Tener un horario fijado te ayudará a estar comprometido y a disponer de tiempo para otros compromisos. Establecer una rutina de ejercicio constante no solo ayuda a ser más autodisciplinado, también proporciona numerosos beneficios, incluidos una mejor salud cardiovascular, un control del peso corporal, un aumento de la fuerza muscular, una mayor salud mental y estar más guapo o guapa para la playa.

Otra forma de mantener la autodisciplina en tus hábitos diarios es mantener una alimentación saludable consciente. La alimentación consciente consiste en prestar atención a lo que comes y cómo te hace sentir, en lugar de consumir alimentos por costumbre o aburrimiento. ¿Cuántas veces te has atiborrado de *snacks* por estar estresado o incluso aburrido? ¿Cómo te has sentido después? Mal, ¿verdad? Por ello te recomiendo que practiques la alimentación consciente, escuchando las señales de hambre y saciedad de tu cuerpo, para prevenir el exceso de comida y lograr hábitos alimenticios más saludables. Por ejemplo, en lugar de tragarte una bolsa de patatas fritas cuando te sientas estresado, cómete una pieza de fruta o un puñado de nueces. Pensando inteligentemente antes de escoger los alimentos y siendo consciente del valor nutricional de lo que comes, tendrás un mayor control sobre tu dieta y fortalecerás tu autodisciplina en general.

En cuanto a las prácticas de cuidado personal, participar en actividades que reduzcan el estrés, como la meditación o el yoga, son algunas buenas opciones para mantener la autodisciplina. Estas actividades no solo sirven para controlar el estrés, sino que también ayudan a relajarte y despejar tu mente. La meditación, por ejemplo, implica enfocar tu mente y eliminar distracciones, lo que puede mejorar la concentración y la autoconciencia. El yoga combina posturas físicas con ejercicios de respiración y meditación, provocando una disminución del estrés. Al practicar estas actividades con regularidad, lograrás desarrollar un enfoque más disciplinado para controlar el estrés y mejorar tu salud en general.

Incorporar técnicas de *mindfulness* (atención plena) a tu vida diaria te dará más disciplina para afrontar tus emociones. Técnicas como la respiración profunda, los escaneos corporales y el caminar consciente pueden ayudarte a controlar tu estado emocional y a enfrentarte a cualquier desafío con más calma y resiliencia. Por ejemplo, si te sientes agobiado en el trabajo, tomarte unos minutos para practicar la respiración profunda puede ayudarte a recuperar la concentración y abordar tu trabajo con la cabeza despejada. Con una práctica constante de técnicas de atención plena, puedes desarrollar disciplina emocional y mejorar tu bienestar mental.

DISCIPLINA FINANCIERA

Disciplina y más disciplina. Ya te dije que hay que ser autodisciplinado en todo y eso incluye el control de tu dinero. Crear un plan de presupuesto y ahorro es una excelente opción a la hora de ser más disciplinado en tu vida diaria. La disciplina financiera empieza con crear un presupuesto que se ajuste a tus ingresos y gastos. Esto requiere ser honesto sobre tu situación financiera y comprometerte a vivir dentro de tus posibilidades. Tus posibilidades reales, no las que tienes en tu loca cabeza. Olvídate de comprarte un iPhone a plazos, o de irte a cenar todas las noches fuera, si tienes un sueldo de 1000 € al mes. Esta parte es totalmente innegociable y es proporcional a tus ingresos y gastos. No te compres un Ferrari porque acabes de montar un pequeño negocio de lo que sea. Al ahorrar dinero, refuerzas el hábito de priorizar metas a largo plazo en lugar de buscar la gratificación inmediata. Ya te comprarás el iPhone cuando lo puedas pagar al contado y solo suponga una ínfima cantidad de lo que ganes. Fijar y respetar un presupuesto asegura que no gastes dinero impulsivamente y que tomes decisiones prudentes sobre a dónde va a parar tu dinero. Adquirir esta responsabilidad financiera te llevará a aplicarla a otras áreas de tu vida, donde sea imprescindible tener una programación y seguir los planes.

Escuché algo una vez que se me quedó grabado para siempre. Pido disculpas porque no recuerdo quién lo dijo y, por lo tanto, no puedo atribuirle la idea. Esta persona decía que no adquieras nada que no puedas comprar como si fuera una barra de pan. Cuando compras una barra de pan, ¿te preocupas por el precio?, ¿lo pagas a plazos?, ¿supone un alto porcentaje de dinero respecto a tu sueldo o incluso está por encima de este? No, no y no. Si quieres comprar pan, vas a la panadería, lo pides, lo pagas y te lo llevas. No compres nada que no puedas comprar como si fuera pan. No puedes permitírtelo. ¿Es duro? Lo sé muy bien. Deja de quejarte y empieza a cambiar eso.

Otro aspecto esencial de la disciplina financiera, y que hará que mejores tu autodisciplina en general, es llevar un control de tus gastos. Al registrar cada gasto, serás consciente de dónde estás gastando, o malgastando, tu dinero. Este seguimiento detallado sirve para identificar gastos innecesarios y entender dónde podrías estar desperdiciando dinero. Y lo más importante es que te hace a pasar por un proceso de reflexión y evaluación que es clave para la autodisciplina. Evitar acumular deudas mediante un control de los gastos ayuda a lograr la estabilidad financiera y reduce el estrés, permitiéndote concentrarte en alcanzar objetivos personales y profesionales mayores sin preocuparte por la parte económica. Personalmente, reviso la cuenta bancaria cada mes, para ver dónde ha ido cada céntimo. Esto me ha permitido en muchas ocasiones eliminar gastos innecesarios que, acumulados en el año, llegan a suponer un gran agujero económico.

Gestionar tus deudas de manera activa demuestra una planificación financiera responsable y mejora tu control sobre tus finanzas. Crear un plan de pago disciplinado implica establecer un calendario realista de pago de la deuda y cumplirlo. Para poner en práctica este tipo de estrategia financiera se requiere perseverancia y compromiso. Aprender a gestionar la deuda no solo mejora tu puntuación crediticia, sino que también te permite destinar más dinero al ahorro y la inversión. Superar los obstáculos financieros mejorará enormemente tu resiliencia y autocontrol, lo que te ayudará a superar otros desafíos de la vida. Imagínate la sensación de ver cómo disminuye tu deuda y cómo aumentan tus ahorros e inversiones.

Invertir en oportunidades y estrategias de crecimiento financiero es otra forma en que la disciplina financiera mejora tu crecimiento personal. Para invertir de forma estratégica es necesario comprender las tendencias del mercado, la gestión de riesgos y la planificación a largo plazo. Para esto se requiere una toma de decisiones disciplinada, ya que se renuncia a las ganancias a corto plazo para lograr mayores beneficios en el futuro. Aprender a invertir de manera inteligente te permitirá pensar de forma estratégica y desarrollar una mentalidad de crecimiento y mejora. Además, invirtiendo aprendemos a ser pacientes y a valorar el progreso constante. Sin duda, una valiosa lección tanto en lo personal como en lo profesional.

Cuando gestionas tus finanzas de manera efectiva, acabas teniendo acceso a mayores oportunidades. Por ejemplo, al ahorrar y presupuestar inteligentemente, estarás en una mejor situación para comprar una casa, financiar educación o iniciar un negocio. Este es un proceso que requiere disciplina, paciencia y planificación estratégica, y todo ello se logra a través de prácticas financieras sólidas. Cada decisión financiera que tomas hoy te acerca un paso más hacia la vida que siempre has querido.

Tómate en serio la educación financiera, ya que es lo que evitará que vivas con el agua hasta el cuello cada fin de mes. Comprender conceptos como el interés compuesto, la diversificación y la evaluación de riesgos, no solo te permite tomar decisiones más rentables, sino que también te da confianza y tranquilidad en tus finanzas. Así que deberías aprender algo sobre este tema si quieres evitar seguir llorando cada vez que revises tu cuenta bancaria.

Educarte financieramente es un proceso continuo; cuanto más conocimiento adquieras, más seguro y disciplinado estarás en el manejo de tus finanzas.

No hace falta que te conviertas en un gran economista, pero sí que aprendas algunos conocimientos muy básicos. Puedes hacerlo a través de varios medios, como la lectura de libros, la asistencia a seminarios o incluso cursos en línea. Hoy en día es más sencillo que nunca. Tienes cientos, si no son miles, de vídeos y artículos en Internet. La clave es tener ganas de aprender. Con un mayor conocimiento tomarás mejores decisiones y serás capaz de gestionar tu dinero de manera efectiva y aumentar tu riqueza de forma constante.

No quiero salirme del tema principal, pues este no es un libro sobre finanzas y entiendo que habrá lectores que todo esto ya lo sepan demasiado bien. Pero, básicamente y para que no se pierda nadie, el interés compuesto es el que se calcula sobre el capital de una cuenta más el interés acumulado. Por ejemplo, si inviertes 1000 €, y en un año obtienes 100 € de beneficio, tendrás 1100 €. Es decir, tú solo habrás puesto 1000 € pero ahora estás invirtiendo 1100 €. Esto a largo plazo crea una «bola de nieve». Básicamente es dinero haciendo más dinero mientras tú duermes. Lo de diversificar está más claro, se trata de «no poner todos los huevos en la misma cesta», por si hubiera cualquier contratiempo.

Reflexiona sobre cómo gastas tu dinero para detectar cualquier mal hábito que te esté perjudicando financieramente. A menudo, gastamos dinero de forma impulsiva para hacer frente a situaciones de estrés u otras dificultades emocionales. Antes de seguir culpando al universo, al Estado, a la mala suerte o a la suegra del vecino por tener la cuenta en números rojos, pregúntate: ¿realmente necesito todo lo que estoy comprando? Al detenerte a pensar tus razones para gastar, puedes comenzar a abordar algunos problemas que habías pasado por alto. Prácticas como la meditación, el ejercicio o simplemente hablar las cosas con un amigo pueden ayudarte a evitar esas compras impulsivas y a que te sientas mejor sin echar a perder tus objetivos financieros.

Un ejercicio muy bueno para evitar las compras compulsivas, y tener así mayor autodisciplina en este asunto, es el de dejar pasar dos días antes de hacer la compra. Por ejemplo, pasas por delante de un escaparate y te encaprichas de unos zapatos. Primero, pregúntate si de verdad los necesitas. Si tu necesidad de compra no disminuye, no los compres aún, espera. Pasa de largo y vete a casa con la idea de comprarlos al cabo de dos días. Eso debería calmarte, pues no estarás pensando en la idea de no tenerlos, sino de comprarlos en otro momento. Con esta técnica, casi el 100 % de las veces la gente renuncia voluntariamente a la compra. Se les va de la cabeza o llegan a convencerse de que hubiera sido una compra impulsiva e innecesaria. Esto ocurre gracias al poder de pensar las cosas con calma antes de actuar guiados por nuestros deseos irracionales.

Otra ventaja de tener tus finanzas en orden es que estarás en una mejor posición para ayudar a los demás, ya sea contribuyendo a una causa digna, apoyando a un amigo necesitado o llevando a cenar a tu familia a vuestro restaurante favorito. La gestión financiera disciplinada te permite poder echar una mano cuando te necesitan. No puedo expresar con palabras lo frustrado que me he sentido en el pasado, cuando alguien cercano a mí ha necesitado ayuda económica y no he tenido los medios para solucionarle el problema. Como la vez que a mi padre se le estropeó el coche que necesitaba para ir a trabajar, la vez que el querido gato de mi pareja se puso muy enfermo y era necesaria una costosa operación para salvarle la vida e incluso momentos peores que prefiero no comentar. Ya me cansé de todo eso y me prometí que nunca volvería a verme en ese tipo de situaciones. El experto en finanzas Dave Ramsey dijo: «Vive la vida como nadie más para que luego puedas vivir y dar como nadie más», expresando la idea de que la disciplina te lleva primero a la libertad y después a la generosidad.

En conclusión, mantener la disciplina financiera consiste en desarrollar un estilo de vida que apoye tus valores y objetivos a largo plazo. Al igual que con los objetivos de salud o profesionales, se trata de hacer sacrificios hoy para un mañana mejor. Se trata de decir no a ciertos placeres ahora, de no gastar el dinero en tonterías, para poder vivir tus grandes sueños en el futuro. ¿Difícil? Puede que sí. Yo no lo veo como un gran problema. ¿Valdrá la pena? Te garantizo que sí, y mucho más de lo que ahora puedas imaginar.

DISCIPLINA PROFESIONAL

Mantener la disciplina profesional, a través de hábitos que aumenten tu eficiencia, te ayudará a ser más productivo y a tener éxito en tu lugar de trabajo. El profesional que es disciplinado acaba destacando, y no se trata de impresionar a tu jefe, sino que va mucho más allá. Esto va de cambiar tu situación a mejor, de avanzar en todas las áreas y de lograr la vida que sueñas, la vida que mereces si es que luchas por ella.

Utilizar el tiempo de manera eficiente en el trabajo es quizás una de las demostraciones más evidentes de disciplina profesional. Priorizar las tareas de manera efectiva asegura que se cumplan los plazos y se logren los objetivos puntualmente. Como ya sabes, dividir tus horas de trabajo en bloques para enfocarte en tareas específicas evitará que te sientas agotado y te hará ser más productivo durante el día. Crear un horario te permite asignar tiempo suficiente a cada tarea, asegurando que no te olvides de nada importante. Esta práctica te convierte en un profesional capaz de gestionar eficazmente su carga de trabajo sin poner en riesgo la calidad de este.

Si de verdad quieres ser un profesional disciplinado, es importante que inviertas en educación continua y adquieras nuevas habilidades para mantenerte siempre actualizado. Actualmente todo está sufriendo una constante evolución, con nuevas tecnologías y metodologías apareciendo a diario. Los que se comprometen a seguir aprendiendo son los que sobreviven, convirtiéndose en activos indispensables para sus empresas. No importa si eres empleado o emprendedor, no puedes quedarte atrás. Cualquier emprendedor se verá beneficiado si no se queda estancado y aprende cómo sacar beneficio de la nueva información. Hoy en día todo va tan rápido que es renovarse o morir. Así que hazte un favor: ponte a estudiar, asiste a seminarios y actualízate con lo último de tu industria. Si quieres mantener el enfoque y la motivación, te sugiero que establezcas metas educativas personales, como obtener una titulación relacionada con tu campo. Además, comprometerte a seguir aprendiendo no solo mejorará tu desempeño laboral, sino que también te abrirá puertas a nuevas oportunidades profesionales. Recuerda, comienza poco a poco y establece hábitos diarios que generen en ti esa sensación de logro, reforzando tu autodisciplina a través de comportamientos repetitivos. Renovarse no es una opción, es una necesidad.

Convertirse en un profesional disciplinado no solo se trata de hacer tu trabajo bien. También debes formar relaciones profesionales sólidas y mantener una comunicación con ellas. Un profesional disciplinado siempre construirá una buena relación con sus compañeros de trabajo, supervisores y clientes. Para ello debes escuchar, mostrar empatía y participar en conversaciones importantes. Para tener una comunicación efectiva olvídate de dar rodeos y ve al grano, de forma que todos entiendan exactamente lo que deben hacer. Así no habrá excusas ni confusiones que frenen el desempeño. Esta forma disciplinada de actuar genera un ambiente laboral positivo en el que la gente está contenta, aumenta la productividad y el trabajo fluye.

Por último, saber solucionar los problemas de forma madura y gestionar los conflictos adecuadamente también son habilidades necesarias de un profesional disciplinado. Los conflictos son inevitables en cualquier lugar de trabajo, pero la forma en que se manejan puede marcar una gran diferencia. Mantener la calma cuando todo el mundo la pierde no solo demuestra madurez, sino que también resuelve problemas. Es importante dar la cara ante los conflictos, en lugar de evitarlos, para poder llegar a una resolución que beneficie a todas las partes involucradas. Utilizar estrategias, como escuchar activamente, encontrar puntos en común y proponer soluciones justas son formas efectivas de gestionar los conflictos. Y si la situación se pone demasiado tensa, practicar técnicas de *mindfulness*, como ya hemos visto anteriormente, también te ayudará a controlar el estrés y las emociones durante momentos de tensión. Ser disciplinado en la resolución de conflictos no solo demuestra cualidades de liderazgo, sino que también crea un ambiente de trabajo agradable y productivo.

CONCLUSIÓN

A lo largo de este capítulo has aprendido que, aplicando la autodisciplina en la salud, el estado físico, las finanzas y la vida profesional, tu vida en general puede mejorar muchísimo. Si empiezas a moverte un poco más, comer menos basura y cuidar tu salud mental, no solo estarás más en forma, sino que construirás una base sólida que afectará positivamente al resto de las áreas de tu vida. Y lo mismo ocurre con el dinero: llevar un presupuesto y no gastar el dinero en tonterías que no necesitas te ayudará a tener una mejor calidad de vida. Con una correcta gestión del tiempo, el aprendizaje continuo y un poco de sentido común para tratar con la gente, lograrás ser un profesional de éxito.

Pon en práctica estas disciplinas de forma constante hasta que se conviertan en algo totalmente natural en tu vida. De este modo, estarás más preparado ante cualquier desafío y sabrás aprovechar las oportunidades con mayor facilidad y confianza.

CÓMO MANTENER LA AUTODISCIPLINA A LARGO PLAZO

Ya has aprendido cómo desarrollar una fuerte autodisciplina. Ahora tenemos que procurar que este nuevo superpoder no sea algo pasajero y puedas disfrutar de sus beneficios a lo largo del tiempo. Esto es imprescindible para alcanzar tus metas personales y profesionales, ya que de nada sirve que empieces a hacer todo a la perfección si no lo sigues haciendo el tiempo que haga falta. Recuerda que no se trata de hacer un *sprint*, sino una carrera de larga distancia. No siempre es fácil, pero contar con las herramientas y la mentalidad adecuadas te ayudará a no salirte del camino correcto. La autodisciplina implica tomar decisiones de forma consistente, que estén en sintonía con tus objetivos, incluso cuando sea difícil, no tengas ganas, estés cansado, no te parezca el momento adecuado o no se hayan alineado los astros para ti. Este capítulo contiene estrategias pensadas especialmente para ayudarte a mantener la autodisciplina a largo plazo.

Aprenderás cómo evitar el agotamiento detectando las primeras señales de cansancio y poniendo límites. Comprenderás que el descanso no es un lujo, sino una necesidad que evitará que te quemes por el camino. También conocerás los beneficios de buscar apoyo en los demás, incluidos amigos, familiares y profesionales. Al final de este capítulo, tendrás un conjunto de herramientas prácticas para mantener tu autodisciplina sin importar los desafíos que la vida te lance para ponerte a prueba. ¡Ya estás a solo un paso de comenzar a tener la vida que deseas!

EVITANDO QUEMARTE

Saber detectar los síntomas del agotamiento y aplicar medidas preventivas para mantener la autodisciplina es fundamental para cualquier persona que busque mantener el éxito y el crecimiento personal a largo plazo. Esto hablando de evitar el síndrome de *burnout* (quemarte por agotamiento). El cansancio puede aparecer lentamente, por lo que es importante reconocer las señales de advertencia a tiempo y tomar medidas para evitar que interfiera en el logro de tus objetivos.

DETECTANDO EL AGOTAMIENTO

Antes de que te creas un superhéroe después de tanta dosis de motivación, recuerda una cosa: eres humano, tienes límites y es mejor no sobrepasarlos. Para evitar el síndrome de *burnout*, necesitarás saber detectar a tiempo tanto el agotamiento mental como el físico. En ocasiones, la falta de motivación o un aumento de la irritabilidad pueden ser síntomas de fatiga mental. Algunos síntomas de cansancio físico pueden ser debilidad excesiva, dolores de cabeza o tensión muscular. Prestando atención a estos síntomas, podrás actuar antes de que se conviertan en un problema crónico.

Una buena forma de evitarlo es dedicar algo de tiempo cada semana a reflexionar sobre cómo te sientes tanto mental como físicamente. ¿Estás siempre cansado a pesar de dormir suficientes horas? ¿Las tareas más simples te hacen sentir como si estuvieras escalando el Everest? Esas pueden ser señales de alarma. Reflexiona sobre este tipo de sensaciones para poder detectar patrones y tratar los problemas a tiempo.

ESTABLECIENDO LÍMITES

Establecer límites te ahorrará unos cuantos dolores de cabeza y evitará que acabes quemándote. Sin límites claros, puedes llegar a comprometerte en exceso y agobiarte con el volumen de trabajo. Aprender a decir «no» es pura supervivencia. No te sientas mal al decirlo. No se trata de ser egoísta, sino de preservar la energía necesaria para mantenerte disciplinado en áreas importantes de tu vida.

Aunque esto de la autodisciplina consiste en dar el 100 % y de esforzarse al máximo, también tiene que haber lugar para descansar, recuperar fuerzas, no quemarse y poder abordar la siguiente jornada de forma productiva. No puedes conducir un coche sin soltar el pedal del acelerador durante 3000 km, porque lo quemarás y ya no te llevará a ningún lado. Déjalo enfriar de vez en cuando y sigue tu trayecto. Te recomiendo establecer un horario «sin trabajo» cada día, para dedicarlo solo a actividades personales, aficiones o simplemente a relajarte. Poner límites sirve para evitar el agotamiento crónico al asegurarte de que dedicas tiempo a recuperarte y recargar las pilas. Tomarte en serio estos momentos de descanso es tan importante como el tiempo que dedicas a las tareas. Habla de ello con tus amigos y familiares, y de cómo influye esto en el logro de tus objetivos, para que nadie interrumpa tu horario de descanso.

BUSCA APOYO

En ocasiones, rodearte de personas que te apoyen puede ser de gran ayuda para mantener la autodisciplina. Los seres humanos somos criaturas sociales y buscar apoyo de amigos y familiares nos puede dar ánimos para seguir adelante, comprometidos con nuestras metas. Cuando hablas de tus desafíos y logros con alguien, obtienes diferentes perspectivas y, por lo general, también respaldo emocional, que puede ayudar a mantenerte motivado y a persistir.

Fíjate bien en el párrafo anterior, cuando dije cosas como «en ocasiones» y «por lo general». Esto es porque no siempre encontrarás apoyo en tus seres queridos. Es triste decirlo, pero es así. Elige bien con quién compartes tus ilusiones. A menudo, seres cercanos a nosotros suelen producir el efecto contrario a animar y apoyar. Normalmente esto sucede sin ninguna mala intención. Mentalidades de escasez, de sobreprotección o simplemente que no comprenden tus proyectos, suelen generar comentarios del tipo «no entiendo por qué vas a hacer esto o aquello», «mejor quédate cómo estás», «¿estás seguro de que eso merece la pena?», «¿no crees que es muy arriesgado?», «¿crees que tú vas a poder hacer todo eso?» y otros similares. Estoy seguro de que todo esto te suena a algo. Sin embargo, si tienes total confianza en que algunas personas pueden hacer aportes al logro de tus metas, ya sea como apoyo moral, físico o sencillamente entregando *feedback*, no dudes en sacar provecho de esa oportunidad.

Si en algún momento sientes que todo te supera y el camino se vuelve intransitable, no dudes en pedir refuerzos. Si fuera preciso, busca ayuda de un profesional. Un terapeuta o consejero puede ofrecerte estrategias adaptadas a tu situación para enfrentarte a ese tipo de bloqueos. Ellos están ahí para estas cosas. Recuerda una vez más que no eres ningún superhéroe. Eres humano.

También puedes unirte a grupos o comunidades relacionados con tus intereses. Relacionarte con gente con la que tienes un propósito en común es una excelente forma de encontrar apoyo y motivación para mantener la autodisciplina en el logro de tus objetivos, del mismo modo que tú podrías servir de apoyo y motivación al resto de los integrantes del grupo.

Si no cuidas tú de ti, ¿quién lo va a hacer? Poner en práctica todo lo mencionado te dará una base sólida para sostener la autodisciplina y evitar que te quemes. Reconocer cuándo necesitas un descanso, establecer límites claros y buscar apoyo son pasos clave que te ayudarán a mantenerte motivado y enfocado en tus metas a largo plazo.

ADAPTÁNDOTE A LOS CAMBIOS

En el mundo en que vivimos todo va cada vez más rápido, todo cambia de la noche a la mañana. Enfrentarte a estos cambios sin echar a perder tu autodisciplina puede ser todo un desafío, por eso es importante que sepas ajustarte a ellos para alcanzar tus objetivos a largo plazo. A continuación, tienes algunas estrategias efectivas que combinadas crearán un efecto sinérgico para mejorar tu capacidad de adaptarte a los cambios sin poner en riesgo tu autodisciplina.

FLEXIBILIDAD EN LOS PLANES

Ser flexible con tus planes no significa tirar la toalla, sino ajustar tu enfoque a medida que cambian las circunstancias. Por ejemplo, si te has propuesto hacer ejercicio cinco veces a la semana, pero un factor externo te impide hacerlo un día, sé flexible, cambia ese día de entrenamiento por otro (en el cual no ibas a ejercitarte) en lugar de omitirlo por completo.

Otra forma de ser flexible es teniendo siempre un as sobre la manga creando planes de contingencia. En lugar de tener un único camino hacia el logro de tus objetivos, crea rutas alternativas para cuando sea necesario. Se trata de pensar un plan B por si el plan A deja de ser factible. Esta estrategia te ayudará a mantenerte siempre en movimiento y comprometido con tus objetivos incluso cuando surjan imprevistos.

Revisa regularmente tus objetivos y tu progreso para mejorar tu flexibilidad. Si dedicas tiempo a saber qué está funcionando y qué no, podrás realizar los ajustes necesarios, manteniendo tu autodisciplina intacta. Recuerda, tener que adaptarte no pone en riesgo tu compromiso, sino que fortalece tu capacidad para mantenerte en el camino. Al final lo importante es llegar. No te preocupes si en algún momento has tenido que coger un desvío.

CONSTRUYENDO RESILIENCIA

Por si no te ha quedado suficientemente claro a lo largo del libro, para mantener la autodisciplina necesitas desarrollar una fuerte resiliencia. La resiliencia es la capacidad de recuperarse con rapidez de las dificultades y, por lo tanto, de adaptarse a ellas. Recuerda que una forma efectiva de construir resiliencia es ver los contratiempos como oportunidades de aprendizaje. Cuando creas que has fracasado, pregúntate realmente qué lecciones puedes aprender de ello. Esas son la mentalidad y la actitud que te ayudarán a recuperarte más rápido y salir más fortalecido de la situación.

Otra forma de fortalecer tu resiliencia, logrando una mejor adaptación a los cambios, es la de plantearte pequeños desafíos e ir incrementando su dificultad. Esto te servirá como entrenamiento para cuando tengas que enfrentarte a obstáculos mayores con el tiempo. Comienza con desafíos sencillos y ve aumentando su dificultad. Esto no es solo una forma de construir resiliencia, sino que también mejora tu autoconfianza y autodisciplina.

MINDFULNESS

También hemos aprendido en este libro la importancia de practicar la atención plena con el fin de mantener la autodisciplina. Aplicar técnicas de *mindfulness* te permitirá adaptarte a los cambios imprevistos sin perder de vista tus objetivos. Basta con dedicar unos pocos minutos de meditación diaria, enfocándote en el momento presente y en tu respiración.

Cuando te sientas angustiado por cambios repentinos, busca un lugar tranquilo, elige una posición cómoda con la espalda recta (como la posición de loto o tumbado en el suelo), respira profundamente, siente tu cuerpo y enfócate en las experiencias vitales sin valorar ni juzgar. Esta sencilla técnica puede ayudarte a recuperar el control y tomar decisiones reflexivas en lugar de reaccionar impulsivamente, conservando así tu autodisciplina.

MENTALIDAD DE CRECIMIENTO

Debes ser siempre consciente de que todas tus habilidades y capacidades mentales pueden desarrollarse a través de entrenamiento y trabajo duro. Esta mentalidad es la que te ayudará a ver los contratiempos como oportunidades de crecimiento en lugar de problemas sin solución. Tener una mentalidad de crecimiento te motiva a seguir esforzándote en lograr tus objetivos a pesar de los obstáculos que te encuentres en el camino.

Comienza sustituyendo tus pensamientos negativos por pensamientos constructivos. En lugar de decir: «No puedo hacer esto», piensa: «¿Cuál es la forma de hacerlo?». Este simple cambio abre tu mente a nuevas posibilidades y te ayuda a perseverar.

Otra forma de cultivar una mentalidad de crecimiento es buscando retroalimentación y usándola de manera constructiva. En lugar de tomarte las críticas como un ataque personal, utilízalas como la valiosa información que son, y que te permitirán hacer mejoras para seguir avanzando. Adáptate a las críticas, convirtiéndolas en potentes herramientas para corregir lo que estás haciendo mal.

Invierte constantemente en tu desarrollo personal. Asiste a seminarios y conferencias, lee libros, mira vídeos en YouTube o haz cursos relacionados con tus intereses y objetivos. El aprendizaje continuo te equipa con nuevas habilidades, nuevas armas para la batalla, nuevas formas de seguir adaptándote, creciendo y avanzando hacia el logro de tus objetivos.

«Invertir en conocimientos produce siempre los mejores beneficios» (Benjamin Franklin).

CONCLUSIÓN

¡Enhorabuena por haber llegado hasta aquí! En este capítulo hemos profundizado en la importancia de mantener la autodisciplina a través de la detección del agotamiento, el establecimiento de límites y la búsqueda de apoyo. Has aprendido cómo identificar los primeros signos de cansancio y también estrategias para evitarlo. Ahora además conoces la importancia de establecer horas no negociables de «no trabajo» para no quemarte y crear un enfoque que te garantice el éxito a largo plazo.

También has comprendido que no estás solo en la vida. Rodearte de influencias positivas y buscar ayuda profesional cuando sea necesario puede proporcionarte el apoyo que requieres para seguir el rumbo correcto. ¡Utiliza estas estrategias como herramientas para enfrentarte a los desafíos de la vida mientras avanzas con determinación hacia tus metas!

CONCLUSIÓN FINAL

La autodisciplina es tu arma secreta para tener éxito en aquello que te propongas. A lo largo de este libro has aprendido diferentes estrategias para cultivarla y mantenerla, estrategias que te ayudarán a alcanzar tus sueños. Ha sido un viaje de crecimiento personal, recordándote que tienes el poder de moldear tu destino.

No quieras implementarlo todo de golpe. Empieza por algunas cosas y ve poco a poco añadiendo planes. Puedes empezar por lo que quieras, pero, si tuviera que recomendarte algo, te diría que empieces por escribir tus metas de forma detallada. Recuerda que deben ser lo más específicas posibles. No puedes empezar a caminar si no sabes primero a dónde vas. Después te diría que planifiques tus tareas, también de forma detallada y que empieces con el hábito de levantarte temprano. ¿Por qué ese hábito? Porque te permitirá añadir otros a primera hora de la mañana, como hacer ejercicio, leer, meditar u organizar el día. Pero siéntete libre de empezar por otro que se ajuste más a tus objetivos. A tu ritmo, pero sin excusas. Recuerda que alcanzar tus metas debe ser para ti un reto, un estímulo que produzca la suficiente motivación para luchar por ellas.

Este libro, como todos los de este tipo, no es un libro que debas leer una vez y ya está. Es un libro para leer y releer una y otra vez, para subrayar y tomar apuntes, para consultarlo cada vez que tengas una duda o no recuerdes algo, incluso para buscar motivación cuando la necesites. A menudo nos obsesionamos con leer libros sobre una temática, sobre un dolor que queremos eliminar, pero leemos y leemos y no llegamos a poner nunca nada en práctica, y así jamás llegamos a solucionar el problema. Es un error muy común del que he sido víctima durante mucho tiempo. Y, al final, te das cuenta de que es más útil una cosa puesta en práctica que miles de cosas tan solo aprendidas.

Así que te animo a que comiences a poner en práctica todo lo asimilado en este libro, o al menos casi todo, poco a poco, dando un paso a la vez. Lee un capítulo, toma notas e implanta en tu día a día lo aprendido. Verás cómo pronto llegan los resultados.

Una de las lecciones más importantes que debes sacar de este libro es que la autodisciplina forma la piedra angular del crecimiento personal y el éxito. Piensa en ti mismo como un escultor, cincelando pacientemente un bloque de mármol para crear una obra maestra. Con cada acción disciplinada, estás moldeando tu vida, estás creando tu propio destino. La autodisciplina te permite desbloquear tu máximo potencial, dándote las herramientas para transformar tus sueños en realidad.

Establecer metas claras y alcanzables es la base de todo esto, y dividirlas en partes más manejables es la mejor forma de crear pequeños escalones que te llevarán hacia el éxito. Cada una es una pequeña victoria que te acerca a donde quieres estar. Estas metas, combinadas con la implementación de hábitos positivos, una gestión efectiva de tu tiempo y un desarrollo de tu fortaleza mental, crearán una base sólida para tu autodisciplina. Cada acción cuenta, cada minuto trabajado, cada mal hábito eliminado, cada gota de sudor, cada decisión correcta y cuidadosa, cada tarea completada... Todo te acerca paso a paso al éxito.

El camino para mantener la autodisciplina no suele ser fácil. Es inevitable que encuentres obstáculos y desafíos que te tienten a abandonar. Es precisamente en esos momentos cuando mantenerte disciplinado marcará la diferencia. Piensa que es la vida poniéndote a prueba para ver si de verdad lo deseas o no. Deberás demostrar que no es solo un capricho y que harás lo que haga falta para lograr tus objetivos, que ninguna piedra del camino te detendrá. Imagina que eres un barco navegando por mares agitados. Así como un barco ajusta su rumbo para luchar contra la tormenta, tú también debes adaptarte, perseverando a través de las dificultades con un compromiso firme con tus metas. Deberás superar barreras, mantenerte en el camino y aplicar la autodisciplina en diferentes áreas de tu vida si quieres asegurarte el éxito a largo plazo.

Analiza tu progreso para mantenerte enfocado y motivado. La autorreflexión constante te permitirá saber lo que está funcionando y lo que no, para poder hacer los ajustes necesarios durante todo el proceso. Estudiar tu progreso evitará que sigas cometiendo errores que puedan frenar tus avances, te ayudará a potenciar aquello que te está dando buenos resultados y te permitirá ser más productivo.

A medida que continúes por este camino, no olvides que la autodisciplina no es un logro puntual, sino un viaje para toda la vida. La dedicación, la resiliencia y las ganas de crecer son clave para llegar donde quieres estar, para tener la vida que quieres tener, para lograr aquello que ahora tan solo puedes soñar. Supera con honor los desafíos que se te presenten, aprende de tus fracasos y mantente siempre comprometido con tu progreso.

Recuerda que eres el arquitecto de tu propio destino. Con la autodisciplina como tu superpoder, tendrás la capacidad de diseñar una vida llena de propósito, satisfacción y posibilidades infinitas. En este mismo instante estás escribiendo tu propia historia, y cada capítulo está escrito con la tinta de la disciplina. Ese poder transformador te permite moldear tu porvenir, conquistar miedos y liberar tu potencial ilimitado. Créeme, no se trata de ninguna palabrería espiritual, no sabes de qué puedes llegar a ser capaz, pero espero que empieces a averiguarlo ya.

En este mundo, lleno de distracciones y problemas, nunca olvides que tu mayor poder reside dentro de ti. La autodisciplina te permite mantener el enfoque y la claridad en medio del caos, abriéndote el camino hacia los resultados que deseas. Es la mano firme que te mantiene con los pies en la tierra, asegurándote de que permanezcas fiel a tu camino, incluso cuando surjan tentaciones y dudas.

A medida que avances, deja que estas lecciones te recuerden de lo que eres capaz de lograr. Posees el fuego interno necesario para moldear tu futuro, navegar a través de las adversidades y construir la vida que deseas. Inicia este viaje con la mirada al frente, con entusiasmo y confianza, sabiendo que cada esfuerzo que hagas, por pequeño parezca, contribuirá a hacer realidad tu visión.

La autodisciplina es una elección de vida que requiere un cuidado continuo. Celebra tus victorias, por pequeñas que sean, y utilízalas como motivación para seguir adelante. Recuerda que cada acción disciplinada fortalece tu carácter y te acerca a tus objetivos.

Mantenerse disciplinado no significa ser perfecto, sino ser persistente. Habrá días en los que fallarás, pero esos momentos son oportunidades para crecer y aprender. Perdónate, aprende de la experiencia y vuelve al camino con más ganas y determinación. Tu capacidad para recuperarte demuestra la resiliencia y tenacidad necesarias para tener éxito a largo plazo. ¡Pero que esto no sirva de excusa para fallar a la primera de cambio!

Nadie te dice que vaya a ser fácil, pero sí que merecerá la pena. Aunque el camino a veces sea difícil, las recompensas son increíblemente gratificantes. Cada desafío al que te enfrentes y superes forjará tu autodisciplina, convirtiéndola en un poderoso aliado que te apoyará en todos los aspectos de tu vida. Deja que los principios y estrategias descritos en este libro te guíen mientras navegas por los altibajos del devenir, siempre esforzándote por ser la mejor versión de ti mismo.

> *«El momento más oscuro de la noche es justo el instante antes del amanecer»* (Vicente Ferrer).

Sigue adelante con confianza y disfruta del poder ilimitado de la autodisciplina. Permite que sea la fuerza impulsora que te lleve hacia tus sueños, volviéndote imparable en tu búsqueda de la excelencia personal. Tu futuro te está esperando, y con la autodisciplina como tu arma, no hay límite para lo que puedes lograr.

¿LEÍSTE ESTE LIBRO ENTERO? ¡QUÉ AUTODISCIPLINA LA TUYA!

Ahora que has dominado el arte de terminar un libro (uno sobre autodisciplina, nada menos), te invito a que uses ese mismo poder sobrehumano para dejar una reseña. Solo te tomará unos segundos y, además, piénsalo así: es el último ejercicio de autodisciplina que este libro te pedirá. Así que, ¡vamos! No me digas que ahora vas a empezar a procrastinar. Demuestra lo disciplinado que eres y haz saber a posibles lectores lo transformador que ha sido esto para ti… o al menos lo suficiente como para que llegaras hasta aquí.

¡Gracias por tomarte unos segundos en dejar tu reseña!

VOY A HACERTE UN REGALO, PORQUE ME HAS CAÍDO BIEN.

2 capítulos del audiolibro **100% Mentalidad de Éxito**.

100% MENTALIDAD DE ÉXITO es un libro de motivación y superación personal. Y si es eso lo que buscas, estoy seguro de que te seré de gran ayuda.

Que quede claro. **Yo no soy ningún maldito gurú motivacional de esos.** Yo hablo claro, muy claro. Yo no voy a contarte tonterías como que le pidas deseos al universo y que así atraerás lo que quieras, como atrae una *"TikToker"* de 20 años haciendo estúpidos bailecitos a un degenerado de 50. No, yo voy a hacerte reflexionar sobre cosas que a mí me han ayudado mucho. Te enseñaré cómo debes actuar ante determinadas situaciones, cómo afrontar otras, qué actitud tener, cómo sacar fuerzas de donde no las hay, a no tener miedo, a salir de tu zona de confort, a mejorar y a no abandonar. Te mostraré que las únicas limitaciones están en tu mente. Descubrirás las claves del éxito, realizarás el cambio de hábitos necesario y aprenderás cómo desarrollar autodisciplina.

Pero también te diré que nadie va a regalarte nada, que no esperes una palmadita en la espalda cuando seas capaz de alcanzar tus metas, que en el camino te sentirás solo y que deberás tener un par de… para lograr tus objetivos. Y, además, lo explico todo de una manera muy amena, sin tecnicismos ni rollos raros de esos que no los entiende ni el que los escribe.

Y sé lo que estarás pensando:

- *¿Qué carajos vas a enseñarme tú sobre desarrollo personal?* Pues lee el libro y lo sabrás.
- *¡Me importáis una mierd* tú y tu estúpido libro motivacional!* Pues busca otro. Hay más, ¡muchos más! Yo no gano nada con esto. Bueno sí, miento, gano unos 2€ por libro.
- *No creo que tu maldito libro de desarrollo personal me interese.* ¡Pues yo estoy seguro de que sí! La información del libro es útil para cualquiera, desde empresarios hasta deportistas. Pero quizás es a mí a quien no le interese que tú leas mi maldito libro. Es útil para todo el mundo, pero no todo el mundo se lo merece.
- *¿Qué sabrás tú lo que es autodisciplina?* Pues mucho. Por suerte o por desgracia me la inculcaron seriamente desde niño, sin quejas, sin excusas. El Ejército, el deporte y la vida se encargaron de potenciarla.
- *Vale, vale. ¿Y que me dices sobre superar fracasos y adversidades?* De eso tengo para dar y regalar. ¿Sabes aquello de que "*sabe más el diablo por viejo que por diablo*"? Pues eso, he probado muchas cosas, he recibido muchos palos en la vida (muchos) y en lugar de quejarme y ponerme a llorar he aprendido de ellos y he aprovechado mis aprendizajes.

¿Te vale ya o prefieres andar pidiéndole deseos al universo?

Eres el arquitecto de tu vida. Toma las riendas y da el primer paso para lograr aquello que deseas y tener éxito a la hora de conseguir tus metas. (¡Qué bonito me ha quedado esto!).

Solo tienes que dar el primer paso y tener el *mindset* adecuado. Con la actitud y mentalidad de éxito adecuadas llegarás a cumplir tus objetivos y te convertirás en un ser extraordinario.

«Un viaje de mil millas empieza por
el primer paso» (Lao-Tse).

AMAZON

REFERENCIAS

- Anderson, A., Christodoulou, J., Germine, L., Macdonald, K., McGrath, L. (2017, August). *Dispelling the Myth: Training in Education or Neuroscience Decreases but Does Not Eliminate Beliefs in Neuromyths. Frontiers in Psychology.* None
- *How Self Discipline Can Improve Your Whole Life – The Bookshelf. blogs.cornell.edu.* (n.d.). https://blogs.cornell.edu/learning/how-self-discipline-can-improve-your-whole-life/
- Rousseau, L. (2021, October). *Interventions to Dispel Neuromyths in Educational Settings—A Review. Frontiers in Psychology.* None
- Wyant, A. (2019, February). *The Critical Importance of Self-Control (And How to Grow in It). Cornerstone University.* https://www.cornerstone.edu/blog-post/the-critical-importance-of-self-control-and-how-to-grow-in-it/
- Banerjee, U., Clark, I., Jaworski, L., Lopatto, D., Olson, J., Romero-Calderón, R. (2009, December). *"Deconstructing" Scientific Research: A Practical and Scalable Pedagogical Tool to Provide Evidence-Based Science Instruction. PLoS Biology.* None
- ERMA. (2018, March). *Why Adaptability is Important in Helping You Manage Change. ERMA | Enterprise Risk Management Academy.* https://www.erm-academy.org/publication/risk-management-article/why-adaptability-important-important-helping-you-manage-change/

- *Hit the mark when you set SMART goals | It's Your Yale. your.yale.edu.* (n.d.). https://your.yale.edu/hit-mark-when-you-set-smart-goals

- *MindTools | Home. www.mindtools.com.* (n.d.). https://www.riverland.edu/student-services/study-skills/goals-and-goal-setting/

- rlinghaus, K., Johnston, C. (2018, December). *The Importance of Creating Habits and Routine. American Journal of Lifestyle Medicine.* https://www.ncbi.nlm.nih.gov/pmc/articles/PMC6378489/

- Chan, T., Chen, W., Cheng, H., Gu, X., Liao, C., Looi, C., Mason, J., Murthy, S., Pi, Z., So, H., Wong, L., Wong, S. (2020, May). *IDC theory: habit and the habit loop. Research and Practice in Technology Enhanced Learning.* None

- Gardner, B., Lally, P., Wardle, J. (2012, December). *Making health habitual: the psychology of 'habit-formation' and general practice. British Journal of General Practice.* https://www.ncbi.nlm.nih.gov/pmc/articles/PMC3505409/

- *Motivation–Learning Center. Learning Center.* (2018). https://learningcenter.unc.edu/tips-and-tools/motivation/

- News in Health. (2017, June). *Breaking Bad Habits. NIH News in Health.* https://newsinhealth.nih.gov/2012/01/breaking-bad-habits

- Northwestern Medicine. (2016, August). *Health Benefits of Having a Routine. Northwestern Medicine.* https://www.nm.org/healthbeat/healthy-tips/health-benefits-of-having-a-routine

- Publishing, H. (2016, November). *Trade bad habits for good ones. Harvard Health.* https://www.health.harvard.edu/staying-healthy/trade-bad-habits-for-good-ones

- Stevens, M. (2023). *7 Ways to Improve Your Self-Management Skills. blogs.illinois.edu.* https://blogs.illinois.edu/view/8605/935456083

- Aeon, B., Faber, A., Panaccio, A. (2021, January). *Does Time Management work? a meta-analysis.* PLOS ONE. https://www.ncbi.nlm.nih.gov/pmc/articles/PMC7799745/

- Chapman, S., Rupured, M. (2020, August). *Time Management: 10 Strategies for Better Time Management. extension.uga.edu.* https://extension.uga.edu/publications/detail.html?number=C1042&title=time-management-10-strategies-for-better-time-management

- Kirpalani, N. (2021, September). *What's the #1 Productivity Tool? For Me, It's Timeboxing. Harvard Business Review.* https://hbr.org/2021/09/whats-the-1-productivity-tool-for-me-its-timeboxing

- *None. Pbs.org.* (2024). https://docs.pbs.org/space/PX/3571895

- *Professional and Technical Writing | Unit 4 The Writing Process. OER Commons.* (n.d.). https://oercommons.org/authoring/54645-professional-and-technical-writing/4/view

- *Time Management and Procrastination. caps.ucsc.edu.* (2016, September). https://caps.ucsc.edu/resources/time-management.html

- University of St. Augustine for Health Sciences. (2019, October). *9 Popular Time Management Techniques and Tools. University of St. Augustine for Health Sciences.* https://www.usa.edu/blog/time-management-techniques/

- *10 Effective Strategies for Managing Stress in Everyday Life–Individual Care of Texas.* (2024, May 15). https://individualcareoftx.com/2024/05/15/effective-strategies-for-managing-stress-in-everyday-life/

- Fairbanks, B. (2021, August 4). *10 helpful habits to develop a lifelong learning mindset | Tips and activities.* University of Phoenix. https://www.phoenix.edu/blog/develop-lifelong-learning-mindset.html

- Goren, L. (2018, January 1). *Ten Strategies for Building Emotional Intelligence and Preventing Burnout.* Family Practice Management. https://www.aafp.org/pubs/fpm/issues/2018/0100/p11.html

- Martin, R. (2022, January 12). *50 tips for improving your emotional intelligence*. Www.rochemartin.com. https://www.rochemartin.com/blog/50-tips-improving-emotional-intelligence

- Ragland, L. (2020, November 24). *Ways to Manage Stress*. WebMD. https://www.webmd.com/balance/stress-management/stress-management

- Team, I. W. D. (2023, August 6). *From Curiousity to Success: Why We All Should Embrace Lifelong Learning | Bachelor of Applied Science*. Www.bas.msstate.edu. https://www.bas.msstate.edu/news/2023/08/curiousity-success-why-we-all-should-embrace-lifelong-learning

- Bai, R. (2023, November 14). *Impact of financial literacy, mental budgeting and self control on financial wellbeing: Mediating impact of investment decision making*. PLOS ONE; Public Library of Science. https://doi.org/10.1371/journal.pone.0294466

- Granero-Jiménez, J., López-Rodríguez, M. M., Dobarrio-Sanz, I., & Cortés-Rodríguez, A. E. (2022, April 3). *Influence of Physical Exercise on Psychological Well-Being of Young Adults: A Quantitative Study*. International Journal of Environmental Research and Public Health; National Library of Medicine. https://doi.org/10.3390/ijerph19074282

- Mind Tools Content Team. (n.d.). *MindTools | Home*. Www.mindtools.com. https://www.mindtools.com/adjf7nz/self-discipline

- *Self Discipline: Definition and Examples*. (n.d.). Indeed Career Guide. https://www.indeed.com/career-advice/career-development/self-discipline

- *The Importance of Self-Motivation in Achieving Career Goals*. (n.d.). Jobya. Retrieved July 23, 2024, from https://jobya.com/learn/career_advice/professional_growth/the_importance_of_self-motivation_in_achieving_career_goals

- *Your Financial Discipline is Impacting Your Success | KeyBank*. (n.d.). Key.com. https://www.key.com/personal/financial-wellness/articles/financial-discipline-impacting-success.html

- *9 Benefits to Goal Setting for Client Success | Healthie.* (n.d.). Www.gethealthie.com. https://www.gethealthie.com/blog/9-benefits-to-goal-setting-for-client-success

- *Best Apps for Project Management You Should Know in 2024.* (2024, February 3). https://bootcamp.umass.edu/blog/project-management/best-project-management-apps

- Chernets, A. (2023, February 14). *The Benefits of Setting Milestones to Reach Work Goals.* TMetric Blog–Time Tracking Tips and Productivity Hacks. https://blog.tmetric.com/the-benefits-of-setting-milestones-to-reach-work-goals/

- JWU. (2023, October 6). *14 of the BEST Productivity Apps to Keep You on Track | JWU CPS.* JWU College of Professional Studies. https://online.jwu.edu/blog/14-of-the-best-productivity-apps-to-keep-you-on-track/

- *Pros and Cons of Employee Self-Evaluation | Paylocity.* (n.d.). Www.paylocity.com. https://www.paylocity.com/resources/resource-library/blog-post/employee-self-evaluation/

- Thompson, M. (2021, May 11). *The Benefits of Self Evaluation and Assessment.* WeThrive. https://wethrive.net/blog/self-evaluation-and-assessment/

- Andreev, I. (2022, February 17). *Lifelong learning.* Valamis. https://www.valamis.com/hub/lifelong-learning

- Brassey, J., van Dam, N., & Coates, K. (2019, February 19). *Seven essential elements of a lifelong-learning mind-set.* McKinsey & Company. https://www.mckinsey.com/capabilities/people-and-organizational-performance/our-insights/seven-essential-elements-of-a-lifelong-learning-mind-set

- Edú-Valsania, S., Laguía, A., & Moriano, J. A. (2022, February 4). *Burnout: A Review of Theory and Measurement.* International Journal of Environmental Research and Public Health. https://www.ncbi.nlm.nih.gov/pmc/articles/PMC8834764/

- *Preventing burnout: 7 strategies and when to seek help*. (2023, August 3). Www.medicalnewstoday.com. https://www.medical-newstoday.com/articles/preventing-burnout

- *Strategies For Adapting To Lifes Challenges*. (n.d.). FasterCapital. Retrieved July 26, 2024, from https://fastercapital.com/topics/strategies-for-adapting-to-lifes-challenges.html

- Schuman-Olivier, Z., Trombka, M., Lovas, D. A., Brewer, J. A., Vago, D. R., Gawande, R., Dunne, J. P., Lazar, S. W., Loucks, E. B., & Fulwiler, C. (2020). *Mindfulness and behavior change*. Harvard Review of Psychiatry. https://doi.org/10.1097/HRP.0000000000000277